달곰한 문해력

초등 문법

쓰면서 익히는 국어 문법

6 단계

문해력은 글을 읽고 해석하는 능력을 뜻해요.

단순히 글자를 읽는 것이 아니라 글 안에 들어 있는 의미까지 파악하는 것이지요.

문해력이 있다는 것은 무엇으로 알 수 있을까요?

자신이 이해하고 파악한 내용을 말이나 글로써 나타낼 때 알 수 있게 되어요.

이때 바탕이 되는 것이 바로 맞춤법과 문법이에요.

우리말인 국어에서 맞춤법이나 문법을 알지 못한다면 어떤 일이 생길까요?

말하고자 하는 바를 제대로 나타낼 수 없게 되어요.

맞춤법이나 문법에 어긋나는 말이나 글로는 제대로 된 소통이 이뤄질 수 없으니끼요.

맞춤법과 문법이 갖춰져야 문해력을 완성할 수 있답니다.

『달곰한 문해력 초등 문법』은 여러분이 문해력을 완성할 수 있도록 도와줄 거예요.

어렵게만 느껴지는 문법을 그림과 흥미로운 소재의 글을 통해 **재미있게 학습**할 수 있고,

학년별 눈높이에 딱 맞춘 구성으로 **문법 실력을 차근차근 키워** 갈 수 있답니다.

자, 그럼 이제 『달곰한 문해력 초등 문법』을 시작해 볼까요?

WHY 왜 국어 문법이 중요할까요?

문법이란?

국어사전에는 '말의 구성 및 운용상의 규칙.'이라고 실려 있어요. 우리말을 다루고 쓰는 규칙인 문법은 언어생활과 밀접하게 관련이 있어요. 평소에 듣고 말하고 쓰는 것을 문법에 맞게 사용하여야 자신의 생각을 정확하게 전달하고 의사소통을 원활하게 할 수 있답니다. 문법에 맞춘 문장을 만들어 내는 능력은 타인과 정확하게 교류할 수 있는 힘이 됩니다.

바르고 정확한 언어 습관은 모든 공부의 기본

모든 수업 시간에 말하기와 글쓰기 활동이 포함되어 있고, 특히 수행평가 대부분이 글쓰기로 이루어져요. 이때 문법에 맞게 말하고, 글을 써야 듣는 이나 읽는 이가 쉽게 이해할 수 있어요. 국어 문법은 초등학교 때 배우는 내용이 중학교 고등학교로 계속 이어지기 때문에 처음에 확실히 공부해 두면 이후의 공부에도 큰 도움이 되어요.

문해력 향상에도 꼭 필요한 문법

문해력을 키우기 위해서는 좋은 책을 읽고, 스스로 글을 써 봐야 해요. 즉 좋은 책을 읽으며 지식을 쌓고, 자신이 알고 있는 것과 그에 대한 자신의 생각을 알맞게 표현하는 활동을 통해 문해력이 자라나요. 우리가 평소에 쓰는 단어가 어떻게 만들어졌는지, 우리가 읽고 쓰는 문장이 어떤 구조로 이루어졌는지, 우리말 표기와 발음은 왜 달라지는지 등의 문법을 잘 익히면, 글을 읽거나 쓸 때 언어의 구조를 보다 명확히 파악할 수 있어요. 그리고 이것은 독해력과 작문 능력의 향상으로 이어집니다.

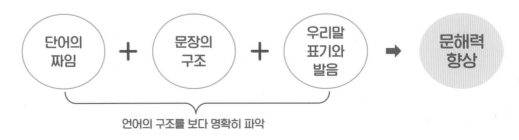

HOW 어떻게 국어 문법을 익히면 될까요?

1 단어 구조 이해하기

2 문장 성분과 품사 이해하기

3 문장 표현과 문장의 짜임 이해하기

4 발음과 표기 이해하기

문법은 단어를 통해 문장을 구성할 수 있도록 해 주는 장치입니다. 맞춤법이 바르고 의미를 정확하게 전달하는 문장을 쓰려면 문법을 이해하는 것이 중요합니다. 무조건 외우려 하기보다는 그 원리를 이해하면 기억에 더 오래 남습니다. 실제 문장에 적용하며 차근차근 문법 개념을 이해해 보세요.

『달곰한 문해력 초등 문법 – 쓰면서 익히는 국어 문법』은
초등학교 고학년 필수 문법 학습의 기준입니다.

『달곰한 문해력 초등 문법 – 쓰면서 익히는 국어 문법』은 5, 6학년 및 예비 중학교 학생들에게 필수적인 문법 학습을 제공합니다. 각 학년당 네 개의 주제 아래 총 20개의 필수 문법을 선정하였습니다. 문법 개념이 녹아 있는 문장을 필사하며 배울 내용을 알아보고, 다양한 예문과 그림으로 문법 개념을 익힙니다. 그리고 짧은 문장을 통해 문법 요소를 확인하고, 글을 읽고 짧은 문장을 직접 써 보는 활동을 통해 문법을 완벽하게 익힐 수 있습니다.

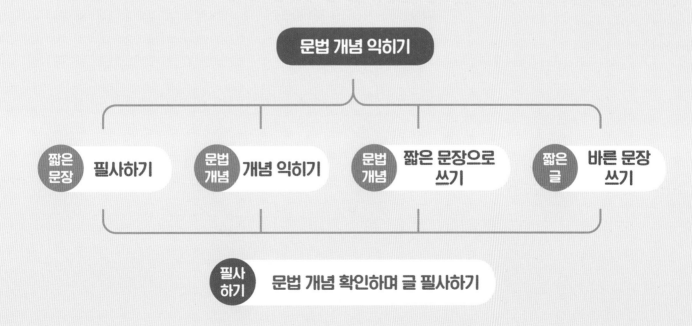

감수 서혁 교수님
이화여자대학교
국어교육과 교수

일상생활은 물론 교과 학습을 이끌어 가는 필수적 선택,

『달곰한 문해력 초등 문법』

문해력은 일상생활은 물론 교과 학습을 이끌어 가는 필수적인 능력입니다. 문해력의 기초를 다지기 위해서는 어휘력을 기반으로 하면서도 언어에 대한 체계적인 지식과 함께 그 사용의 규칙과 원리를 잘 이해해야 합니다. 이러한 맥락에서 『달곰한 문해력 초등 문법』 시리즈는 문법 교육을 단순한 규칙 암기가 아닌, 문해력 향상을 위한 핵심 전략으로 재구성한 교재입니다. 이 시리즈는 『달곰한 문해력 어휘』, 『달곰한 문해력 기본서』, 『달곰한 문해력 독해』의 과정을 거치며 사고력과 표현력을 길러 온 학생들이, 자신의 생각을 정확하고 논리적으로 전달할 수 있도록 문법적 토대를 마련하는 것을 목표로 합니다.

객관식 문항에 의존하지 않고, 쓰기 중심 학습을 통해 문법 지식을 내면화하도록 설계한 점은 본 교재의 중요한 특징입니다. 또한 초등 1~2학년 수준의 맞춤법 및 받아쓰기부터, 초등 고학년은 물론 중학생들에게도 유용한 교과서 기반 문법을 체계화하여 단계적으로 제시함으로써 학습 연속성과 학습자의 성장 과정을 체계적으로 고려했습니다.

문법을 통해 사고를 조직하고 표현하는 능력을 길러야 한다는 시대적 요구에 부응하는 이 교재는, 학습자들의 문해력 기반을 다지는 데 필수적인 문법 내용들을 간명하게 정선하고 체계화했다는 점에서 학생들에게 큰 도움이 될 것입니다.

이 책의
구성과 특징

❶ 필사하며 익히기

학습할 문법 요소가 들어간 좋은 문장을 따라 쓰면서 학습할 문법을 미리 알아봐요.

❷ 문법 개념 익히기

문법 개념을 다양한 예문과 그림, 도표를 활용하여 학습해요.

❸ 개념 확인

문법 개념을 이해했는지 간단한 퀴즈를 통해 확인해요.

❹ 쉬운 문장 쓰기

문법을 활용하여 짧은 문장, 쉬운 문장으로 써 봐요.

❺ 바른 문장 쓰기

문법이 적용된 다양한 주제의 글을 읽어 보고, 바른 문장을 쓰면서 문법을 익혀요.

❻ 생각 쓰기

배운 문법을 적용하여 자신의 생각을 담은 짧은 글을 써 봐요.

❼ 정답 및 해설

학습에 도움이 되는 문법 설명을 통해 자신의 문법 지식을 확인해요.

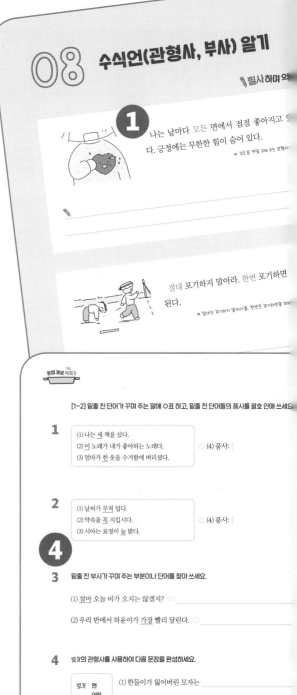

수식언
행 뒤[용수, 用] 꾸밀 식
힐 임[음 언]
꾸며 주는 말

- 문장에서 뒤에 오는 체언이나 용언을 꾸며 주는 기능을 하는 말을 수식언이라고 한다.
- 관형사와 부사는 문장에서 쓰일 때 형태가 변하지 않는다.
- 관형사는 조사와 결합할 수 없지만, 부사는 조사와 결합할 수 있다.

2

관형사
대 갓관, 형[형]할 형
[형] 위[용사
체언을 꾸며 주는 말

체언(명사, 대명사, 수사) 앞에서 체언이 '어떤' 것인지 꾸며 주는 단어를 관형사라고 한다.

예 이쪽으로 가면 옛 골목이 나온다.
'골목'을 꾸며 주는 관형사

종류 '옛, 헌, 새'처럼 대상의 성질이나 상태를 나타내는 성상 관형사, '이, 그, 저'처럼 대상을 가리키는 지시 관형사, '한, 두, 여러, 모든'처럼 수량이나 순서를 나타내는 수 관형사가 있다.
라고 한다.

3
개념 확인

1 체언을 꾸며 주는 단어를

부사
힐[음 부, 詞]말 사
용언을 꾸며 주는 말

주로 용언을 꾸며 주지만, 다른 부사나 관형사, 또는 문장 전체를 꾸며 주기도 하는 단어를 부사라고 한다.

예
과연 골목에는 관광객이 정말 많았다.
문장 전체를 꾸며 주는 부사 / '많았다'를 꾸며 주는 부사

특징 부사는 문장 내에서 위치가 비교적 자유롭다.
예 다행히 일찍 일어나서 늦지 않았다.
일찍 일어나서 다행히 늦지 않았다.
늦지 않았다'를 꾸밈
다행히 일찍 일어나서 늦지 않았다.
문장 전체를 꾸밈

5

[1~3] 다음 글을 읽고, 짧은 문장을 써 보세요.

겨울 방학에 우리 가족은 제주도로 여행을 떠났다. 숙소는 아빠의 고향과 가까운 해안가에 있었다. ㉠새끼줄로 묶인 지붕과 그 옆의 까만 돌담이 정말 예뻤다. 아빠가 제주도에는 현무암이라는 까만 돌이 많은데, 이 돌은 화산이 폭발할 때 용암이 빠르게 식으면서 만들어진 것이라고 설명해 주셨다.
우리 가족은 숙소 근처에 있는 '성산 일출봉'에 먼저 가 보기로 했다. 성산 일출봉은 정상에서 보는 일출이 장관이어서 새벽마다 일출을 보기 위해 오르는 관광객으로 ㉮늘 붐빈다고 한다. 직접 가서 보니 바다에 우뚝 솟은 분화구의 가장자리가 마치 성벽처럼 웅장해 보였다.
성산 일출봉을 구경한 다음 휴애리에 갔다. 화려한 동백꽃으로 둘러싸인 동백 올레길을 걷다 보니 겨울이 맞는지 헷갈릴 정도였다. 우리는 새콤달콤한 제주 감귤도 직접 따서 맛보고 가족사진도 찍었다.
저녁에는 제주도에서 유명하다는 통갈치 조림을 먹었다. ㉡양이 푸짐해서 온 가족이 배불리 먹었다. 숙소에 돌아와 오늘 찍은 사진을 보면서 제주도에 또 오면 좋겠다고 생각했다.

1 ㉠, ㉡ 문장에서 관형사와 부사를 찾아 관형사에는 ○표, 부사에는 △표를 하세요.

(1) ㉠ | 새끼줄로 묶인 지붕과 그 옆의 까만 돌담이 정말 예뻤다. |

(2) ㉡ | 양이 푸짐해서 온 가족이 배불리 먹었다. |

2 ㉮의 품사를 쓰고, 그 까닭을 함께 정리하여 쓰세요.

(1) 품사 ⇨ ( )

6

(2) 그 까닭 ⇨

3 여행의 좋은 점이 무엇인지 알맞은 수식언을 사용하여 자신의 생각을 써 보세요.

08 수식언(관형사, 부사) 알기

개념 확인 43쪽

1 관형사   2 용언

문법 개념 익히기 44쪽

1 (1) 나는 새책을 샀다.
(2) 이 노래가 내가 좋아하는 노래다.
(3) 엄마가 헌옷을 수거함에 버리셨다.
(4) 관형사

2 (1) 날씨가 무척 덥다.
(2) 약속을 꼭 지킵시다.
(3) 시아는 표정이 늘 밝다.
(4) 부사

3 (1) 오늘 비가 오지는 않겠지?
(2) 빨리

4 (1) 어떤 모양이니? 어떤 색이니?
(2) 맨 앞에 섰다. / 맨 끝에 섰다. / 어떤 위치에 섰을까?

5 (1) 무척 비슷하다. / 무척 다르다.
(2) 쨍쨍 내리쬔다. / 무척 뜨거웠다.

(2) 부사 '가장'은 부사 '빨리'를 꾸며 주고 있습니다.

설마 내일 오늘 비가 오지는 않겠지?
문장 전체를 꾸며 주는 부사
(1) 우리 반에서 하늘이가 가장 빨리 달린다.
부사 '빨리'를 꾸며 주는 부사

4 관형사는 체언을 꾸며 주기 때문에 보기의 관형사 뒤에는 체언이 와야 합니다.

5 부사는 용언을 꾸며 주기 때문에 보기의 부사 뒤에는 동사나 형용사가 와야 합니다.

'쨍쨍'과 같이 모양을 흉내 내는 말은 부사에 해당합니다.

바른 문장 쓰기 45쪽

1 (1) 새끼줄로 묶인 지붕과 ㉠옆의 까만 돌담이 정말 예뻤다.
(2) 양이 푸짐해서 온 가족이 배불리 먹었다.

2 (1) 부사
(2) '붐빈다'라는 용언을 꾸며 주고 있기 때문이다.

3 ⓔ 여행의 좋은 점은 새로운 곳에서 먹고 보고 즐기는 모든 것이 나의 경험으로 쌓여 나를 더욱 발전시킨다는 것이다.

1 (1) '새'는 '책'이 '어떤' 책인지, (2) '이'는 '노래'가 '어떤' 노래인지, (3) '헌'이 '옷'이 '어떤' 옷인지 꾸며 주는 관형사

부록

1일 필사하기 1
01 고유어, 한자어, 외래어 알기

고유어, 한자어, 외래어가 쓰인 문장을 읽고, 그중 세 문장을 필사해 보세요.

고유어, 한자어, 외래어 사용 부족에 대한 우리가 중시해야 하는, '거리, 식생'이 문 관심을 더

02 다의어 알기

다의어가 쓰인 문장을 읽고, 그중 세 문장을 필사해 보세요.

03 동음이의어 알기

동음이의어가 쓰인 문장을 읽고, 그중 세 문장을 필사해 보세요.

04 전문어, 차별 표현 알기

전문어, 차별적 표현이 쓰인 문장을 읽고, 그중 문장을 필사해 보세요.

2일 필사하기 1
05 돌임말, 새말 알기

돌임말, 새말이 쓰인 문장을 읽고, 그중 세 문장을 필사해 보세요.

06 체언(명사, 대명사, 수사) 알기

명사, 대명사, 수사가 사용된 문장을 읽고, 그중 세 문장을 필사해 보세요.

8

8 글 필사하기

본문에 나온 글을 다시 읽어 봐요. 그리고 문법이 적용된 부분을 찾아 필사하면서 배운 내용을 복습할 수 있어요.

이 책의 차례

1장

단어의 종류와 활용

우리말은 단어가 생겨난 근원에 따라 고유어, 한자어, 외래어로 나눌 수 있고,
단어가 가진 의미 관계에 따라 다의어와 동음이의어가 있어요. 그리고 우리 생활과
함께 변화 발전하는 단어의 모습을 살펴보며 우리말을 깊이 있게 이해해 보아요.

고유어, 한자어, 외래어 알기

✏️ 필사하며 익히기

형제자매 관계 중에 예쁜 우리말이 있는 것은 오누이뿐이다. 티격태격하지 말고, 우애 깊은 남매가 되자.

➡ '오누이'는 고유어, '남매(男妹)'는 한자어예요.

✏️ _____

_____

에스컬레이터를 타면 잠시의 편함을 얻을 수 있지만, 땀 흘리며 계단을 오르면 건강을 얻을 수 있다.

➡ '에스컬레이터(escalator)'는 외래어, '계단(階段)'은 한자어예요.

✏️ _____

_____

😊 고유어는 우리의 문화와 정서를 담고 있어 따뜻하고 친근한 느낌이 들고, 한자어는 공식적인 상황에서 주로 써요. 외래어는 외국에서 들어온 물건이나 문화를 표현할 수 있지요. 우리말 단어를 알맞게 사용하면 좀 더 정확하고 자연스러운 글을 쓸 수 있어요.

고유어

固 굳을 고, 有 있을 유,
語 말씀 어
우리말에 처음부터 있
던 말

우리말에 본디부터 있던 말이나 그것을 바탕으로 하여 새로 만들어진 말을 고유어라고 한다. 토박
이말, 순우리말이라고도 한다.

개념 확인   1 고유어를 다른 말로 | 토박이말 | 들온말 | 이라고 한다.

한자어

漢 한나라 한,
字 글자 자, 語 말씀 어
한자로 된 말

한자를 바탕으로 만들어진 말을 한자어라고 한다.

예 감기 (感 느낄 감, 氣 기운 기)   교실 (敎 가르칠 교, 室 집 실)   식구 (食 먹을 식, 口 입 구)

특징 1 삼국 시대에 사람 이름, 땅 이름 등을 한자로 표기하면서 한자어가 우리말에 많이 생기게 되었다.

특징 2 한자어는 고유어보다 구체적인 표현이 가능하다. 예를 들어 한자어 '설명(說明)하다, 주장(主
張)하다, 대화(對話)하다, 변명(辨明)하다' 등은 고유어 '말하다'보다 어떤 말하기 상황인지 자세
하게 나타낼 수 있다.

개념 확인   2 한자어는 조선 시대 이후부터 우리말에 많이 생기게 되었다. ◯ ✕

외래어

外 바깥 외, 來 올 래,
語 말씀 어
외국에서 들어온 말

다른 나라의 말이 들어와서 우리말처럼 쓰이는 단어를 외래어라고 한다.

예 엘리베이터 (elevator)   인터넷 (Internet)   버스 (bus)   볼펜 (ball pen)   빵 (pão)

특징 외국에서 들어온 사물이나 새로운 개념을 나타내어 우리말을 풍요롭게 해 준다.

개념 확인   3 '인터넷, 버스, 빵' 등은 다른 나라의 말이 들어와서 우리말이 된 | 외국어 | 외래어 | 이다.

[1~3] 다음 밑줄 친 단어가 고유어, 한자어, 외래어 중 무엇에 해당하는지 쓰세요.

1 선우는 나의 둘도 없는 <u>친구</u>다. ⇨ (   )

2 제과점에서 갓 구워 낸 <u>빵</u>을 사 먹었다. ⇨ (   )

3 구름 한 점 없는 <u>밤하늘</u>에 별이 총총하다. ⇨ (   )

[4~5] 보기에서 밑줄 친 단어와 바꾸어 쓸 수 있는 한자어를 찾아 쓰고, 그 단어를 넣어 짧은 문장을 지어 쓰세요.

보기	감상	대화	발언	예감

4 우리 서로 <u>말</u>로 합시다.

(   ) ⇨ _____

5 이번 시험은 잘 볼 것 같은 <u>느낌</u>이 들었다.

(   ) ⇨ _____

6 다음의 뜻을 가진 외래어를 넣어 문장을 이어 써 보세요.

> 아파트나 빌딩 등에서 주로 사람을 아래위로 나르는 장치.

⇨ 건물 전체가 정전이 되는 바람에 _____

_____

고유어

固 굳을 고, 有 있을 유,
語 말씀 어
우리말에 처음부터 있
던 말

우리말에 본디부터 있던 말이나 그것을 바탕으로 하여 새로 만들어진 말을 고유어라고 한다. 토박이말, 순우리말이라고도 한다.

개념 확인   **1** 고유어를 다른 말로 토박이말   들온말   이라고 한다.

한자어

漢 한나라 한,
字 글자 자, 語 말씀 어
한자로 된 말

한자를 바탕으로 만들어진 말을 한자어라고 한다.

예 감기 (感 느낄 감, 氣 기운 기)   교실 (敎 가르칠 교, 室 집 실)   식구 (食 먹을 식, 口 입 구)

특징1 삼국 시대에 사람 이름, 땅 이름 등을 한자로 표기하면서 한자어가 우리말에 많이 생기게 되었다.

특징2 한자어는 고유어보다 구체적인 표현이 가능하다. 예를 들어 한자어 '설명(說明)하다, 주장(主張)하다, 대화(對話)하다, 변명(辨明)하다' 등은 고유어 '말하다'보다 어떤 말하기 상황인지 자세하게 나타낼 수 있다.

개념 확인   **2** 한자어는 조선 시대 이후부터 우리말에 많이 생기게 되었다.   ○   ✕

외래어

外 바깥 외, 來 올 래,
語 말씀 어
외국에서 들어온 말

다른 나라의 말이 들어와서 우리말처럼 쓰이는 단어를 외래어라고 한다.

예 엘리베이터 (elevator)   인터넷 (Internet)   버스 (bus)   볼펜 (ball pen)   빵 (pão)

특징 외국에서 들어온 사물이나 새로운 개념을 나타내어 우리말을 풍요롭게 해 준다.

개념 확인   **3** '인터넷, 버스, 빵' 등은 다른 나라의 말이 들어와서 우리말이 된 외국어   외래어   이다.

[1~3] 다음 밑줄 친 단어가 고유어, 한자어, 외래어 중 무엇에 해당하는지 쓰세요.

1 선우는 나의 둘도 없는 <u>친구</u>다. ⇨ (   )

2 제과점에서 갓 구워 낸 <u>빵</u>을 사 먹었다. ⇨ (   )

3 구름 한 점 없는 <u>밤하늘</u>에 별이 총총하다. ⇨ (   )

[4~5] 보기에서 밑줄 친 단어와 바꾸어 쓸 수 있는 한자어를 찾아 쓰고, 그 단어를 넣어 짧은 문장을 지어 쓰세요.

보기	감상	대화	발언	예감

4 우리 서로 <u>말</u>로 합시다.

(   ) ⇨ _____

5 이번 시험은 잘 볼 것 같은 <u>느낌</u>이 들었다.

(   ) ⇨ _____

6 다음의 뜻을 가진 외래어를 넣어 문장을 이어 써 보세요.

> 아파트나 빌딩 등에서 주로 사람을 아래위로 나르는 장치.

⇨ 건물 전체가 정전이 되는 바람에 _____

_____

고유어

固 굳을 고, 有 있을 유,
語 말씀 어
우리말에 처음부터 있
던 말

우리말에 본디부터 있던 말이나 그것을 바탕으로 하여 새로 만들어진 말을 고유어라고 한다. 토박이말, 순우리말이라고도 한다.

개념 확인 1 고유어를 다른 말로 토박이말 / 들온말 이라고 한다.

한자어

漢 한나라 한,
字 글자 자, 語 말씀 어
한자로 된 말

한자를 바탕으로 만들어진 말을 한자어라고 한다.

예 감기 (感 느낄 감, 氣 기운 기)   교실 (教 가르칠 교, 室 집 실)   식구 (食 먹을 식, 口 입 구)

특징1 삼국 시대에 사람 이름, 땅 이름 등을 한자로 표기하면서 한자어가 우리말에 많이 생기게 되었다.

특징2 한자어는 고유어보다 구체적인 표현이 가능하다. 예를 들어 한자어 '설명(說明)하다, 주장(主張)하다, 대화(對話)하다, 변명(辨明)하다' 등은 고유어 '말하다'보다 어떤 말하기 상황인지 자세하게 나타낼 수 있다.

개념 확인 2 한자어는 조선 시대 이후부터 우리말에 많이 생기게 되었다. ○ / ✕

외래어

外 바깥 외, 來 올 래,
語 말씀 어
외국에서 들어온 말

다른 나라의 말이 들어와서 우리말처럼 쓰이는 단어를 외래어라고 한다.

예 엘리베이터 (elevator)   인터넷 (Internet)   버스 (bus)   볼펜 (ball pen)   빵 (pão)

특징 외국에서 들어온 사물이나 새로운 개념을 나타내어 우리말을 풍요롭게 해 준다.

개념 확인 3 '인터넷, 버스, 빵' 등은 다른 나라의 말이 들어와서 우리말이 된 외국어 / 외래어 이다.

[1~3] 다음 밑줄 친 단어가 고유어, 한자어, 외래어 중 무엇에 해당하는지 쓰세요.

1 선우는 나의 둘도 없는 <u>친구</u>다. ⇨ (   )

2 제과점에서 갓 구워 낸 <u>빵</u>을 사 먹었다. ⇨ (   )

3 구름 한 점 없는 <u>밤하늘</u>에 별이 총총하다. ⇨ (   )

[4~5] 보기에서 밑줄 친 단어와 바꾸어 쓸 수 있는 한자어를 찾아 쓰고, 그 단어를 넣어 짧은 문장을 지어 쓰세요.

보기	감상	대화	발언	예감

4 우리 서로 <u>말</u>로 합시다.

(   ) ⇨ _____

5 이번 시험은 잘 볼 것 같은 <u>느낌</u>이 들었다.

(   ) ⇨ _____

6 다음의 뜻을 가진 외래어를 넣어 문장을 이어 써 보세요.

> 아파트나 빌딩 등에서 주로 사람을 아래위로 나르는 장치.

⇨ 건물 전체가 정전이 되는 바람에 _____

_____

[1~3] 다음 글을 읽고, 짧은 문장을 써 보세요.

최근 기후 위기로 식량 부족에 대한 우려가 증가하면서 '미래 식량'이 큰 관심을 받고 있다. 미래 식량이란 환경을 파괴하지 않으면서 영양소를 충분히 갖춰 식량 부족 문제에 대응할 수 있는 미래 지향적인 식품을 말한다. 그중에서도 식용 ㉠곤충이 주목을 받고 있는데, 곤충의 어떤 점이 미래 식량으로 적합한 것일까?

무엇보다 식용 곤충은 가축을 키우는 것에 비해 온실가스와 ㉡암모니아를 적게 배출하고, ㉢물 소비량도 적다. 또 식용 곤충은 고기와 단백질 함량이 비슷하다. 식용 곤충의 지방은 동물성 기름과 식물성 기름의 중간 성질을 가지며, 우리 몸에 흡수가 잘 되는 불포화 지방산이 풍부하다. 마지막으로 ㉣식용 곤충의 영양 성분은 질병을 고치는 데 효과가 있다. 예를 들어 밀웜이라는 갈색거저리 애벌레는 식이 섬유가 풍부하고, 기침이나 가래 등의 치료에 효과가 있다.

이처럼 식용 곤충은 육류를 대체할 단백질 공급원으로 영양 부족 문제를 해결하는 데에 효과적이다. 뿐만 아니라, 질병을 치료하는 데에도 효과가 있다는 점에서 그 가치와 중요성을 인정받고 있다.

1 밑줄 친 ㉠~㉢ 중 고유어를 찾아 쓰고, 그 단어를 넣어 짧은 문장을 지어 쓰세요.

(   ) ⇨ _____

2 ㉣ 문장에 쓰인 고유어 '고치다'를 좀 더 세분화된 의미를 지닌 한자어로 바꿔 쓰려고 합니다. 알맞은 단어를 보기에서 찾아 문맥에 맞게 써넣으세요.

| 보기 | 수리하다 | 수선하다 | 수정하다 | 치료하다 |

⇨ 식용 곤충의 영양 성분은 질병을 _____ 데 효과가 있다.

3 보기의 외래어를 사용하여 미래 식량은 어떤 모습일지 생각하여 써 보세요.

| 보기 | 비스킷
샐러드
햄버거 | ⇨ _____ |

02 다의어 알기

매운 날씨처럼 하루가 쉽지 않아도, 매운 떡
볶이 한 그릇 뚝딱 해치우고 다시 일어서자.

⇨ '맵다'는 '날씨가 몹시 춥다.', '맛이 얼얼하다.'라는 뜻으로 쓰였어요.

✎ _____

_____

작은 불씨 하나가 수많은 초에 불을 붙이듯,
내 마음의 불도 처음에는 작은 것에서 시작되
었다.

⇨ '불'은 '물질이 산소와 화합하여 타는 것.', '열렬하고 거세게 타오르는
감정.'이라는 뜻으로 쓰였어요.

✎ _____

_____

😊 우리말에는 하나의 단어가 여러 가지 뜻을 가진 다의어가 많아요. 다의어가 홀로 쓰일 때는 무슨 뜻인지 알기 어렵
지만, 문장에 쓰이면 문맥을 통해 그 뜻을 분명히 알 수 있지요.

다의어

多 많을 다, 義 뜻 의,
語 말씀 어
뜻이 많은 말

두 가지 이상의 뜻을 가진 단어를 다의어라고 한다. 다의어는 하나의 중심 의미와 그에 관련된 주변 의미를 가진다.

예  다리 「명사」

중심 의미

다리 「1」 사람이나 동물의 몸통 아래 붙어 있는 신체의 부분. 서고 걷고 뛰는 일 따위를 맡아 한다.

 예 사람이나 동물의 다리

주변 의미

다리 「2」 물체의 아래쪽에 붙어서 그 물체를 받치는 부분.

예 책상 다리

주변 의미

다리 「4」 안경의 테에 붙어서 귀에 걸게 된 부분.

 예 안경다리

예 타다 「동사」

중심 의미

타다 「1」 불씨나 높은 열로 불이 붙어 번지거나 불꽃이 일어나다.

예 장작이 타다.

주변 의미

타다 「2」 피부가 햇볕을 오래 쬐어 검은색으로 변하다.

 예 얼굴이 타다.

주변 의미

타다 「3」 뜨거운 열을 받아 검은색으로 변할 정도로 지나치게 익다.

 예 고기가 타다.

특징 다의어는 국어사전에 한 단어로 실려서 하나의 표제어 아래 뜻풀이 번호를 달리하여 구분한다. 「1」이 중심 의미이고, 나머지는 중심 의미에서 확장되어 생긴 주변 의미이다.

개념 확인

1 서로 관련이 있는 두 가지 이상의 뜻을 가지고 있는 단어를 (　　　　)라고 한다.

2 다의어는 국어사전에 각각 다른 단어로 구분하여 실린다. ○　X

[1~2] 밑줄 친 단어가 중심 의미로 쓰인 것에 O표 하고, 그 단어를 넣어 짧은 문장을 지어 쓰세요.

1
(1) 밭일은 손이 많이 간다. (　　　　)

(2) 승우와 교문 앞에서 헤어지며 손을 흔들었다. (　　　　)

⇨ _____

2
(1) 오늘은 일찍 저녁을 먹고 잠자리에 들었다. (　　　　)

(2) 낮에는 덥지만 저녁에는 제법 선선해서 산책하기 좋다. (　　　　)

⇨ _____

[3~4] 다음 문장에 공통으로 들어갈 단어를 보기에서 찾아 알맞게 활용하여 문장을 완성하세요.

보기	먹다	타다	가다	풀다

3
(1) 엉킨 매듭을 _____, 다시 묶었다.

(2) 하윤이와 있었던 오해를 대화로 _____.

(3) 이 수수께끼를 _____ 이곳에서 탈출할 수 있다.

4
(1) 나는 밥을 배불리 _____, 집을 나섰다.

(2) 나는 오늘부터 매일 운동을 하기로 마음을 _____.

(3) 축구 시합에서 우리 팀이 먼저 한 골을 _____ 바람에 기운이 빠졌다.

[1~3] 다음 글을 읽고, 단어의 뜻을 생각하며 짧은 문장을 써 보세요.

화폐는 한 나라의 ⑦얼굴이다. 화폐에 사람의 ⓒ얼굴을 그려 넣은 것은 고대 로마 시대에 시작되었다. 당시 로마 황제는 '이것은 내 얼굴이 새겨진 물건이니 믿고 써도 된다.'라는 뜻으로 자신의 얼굴을 새긴 동전을 사람들에게 나누어 주었다. 이런 전통이 지금까지 전해져 사람의 얼굴을 화폐에 그려 넣게 된 것이다.

전 세계 화폐에 가장 많이 등장하는 인물은 약 20여 개 나라의 화폐에 나오는 영국 여왕 엘리자베스 2세이다. 그녀가 여왕이 된 1953년에 영국은 50개 이상의 식민지를 거느린 나라였다. 지금은 대부분 독립 국가가 되었지만 여전히 여러 나라에서 엘리자베스 2세의 얼굴을 화폐에 쓰고 있다.

화폐에는 대부분 그 나라를 위해 훌륭한 업적을 남긴 인물이 등장한다. 하지만 자기 분야에서 업적을 이룬 평범한 사람을 화폐에 넣기도 한다. 또 우리나라를 포함해 대부분의 나라에서는 하나의 화폐에 한 사람의 얼굴을 사용하지만, 화폐 하나에 여러 인물이 나오는 경우도 있다.

> **보기**　얼굴「명사」　　「1」 눈, 코, 입이 있는 머리의 앞면.
> 　　　　　　　　　　「2」 명예. 또는 체면.
> 　　　　　　　　　　「3」 어떤 심리 상태가 나타난 표정.
> 　　　　　　　　　　「4」 어떤 분야에 활동하는 사람.
> 　　　　　　　　　　「5」 어떤 사물의 진면목을 보여 주는 대표적인 상징.

1　⑦, ⓒ에 쓰인 '얼굴'의 뜻을 보기에서 찾아 각각 번호를 쓰세요.

(1) ⑦: (　　　　　　　　　)　　　　(2) ⓒ: (　　　　　　　　　)

2　ⓒ'얼굴'의 뜻과 같은 뜻으로 쓰인 '얼굴'을 넣어 짧은 문장을 지어 쓰세요.

⇨ _____

3　보기에 나타난 단어의 뜻을 활용하여 화폐에 대한 자신의 생각을 써 보세요.

⇨ 화폐는 경제 활동의 교환 수단이지만, 한 나라의 _____

_____

03 동음이의어 알기

안경을 쓰면 세상이 또렷해지듯이, 일기를 쓰면 삐뚤삐뚤 솔직한 내 마음이 보인다.

➡️ '얼굴에 어떤 물건을 걸거나 덮어쓰다.'라는 뜻의 '쓰다'와 '종이에 획을 그어 일정한 글자의 모양이 이루어지게 하다.'라는 뜻의 '쓰다'가 있어요.

✏️

풀의 한 종류이지만, 무엇보다 단단한 대나무는 겨울바람에도 풀이 꺾이지 않고 씩씩하게 자란다.

➡️ '식물을 통틀어 이르는 말.'을 뜻하는 '풀'과 '세찬 기세나 활발한 기운.'을 뜻하는 '풀'이 있어요.

😊 동음이의어는 발음과 철자가 같지만 우연히 같아진 것일 뿐 서로 다른 뜻을 가지고 있어요. 따라서 의사소통을 할 때나 글을 쓸 때 문맥을 통해 그 뜻이 정확히 드러나도록 사용하는 것이 좋아요.

동음 이의어

同 같을 동, 音 소리 음,
異 다를 이, 議 뜻 의,
語 말씀 어
소리는 같으나 뜻이 다른 말

소리는 같으나 뜻이 다른 단어를 동음이의어라고 한다.

예 배

배¹ 「명사」 사람이나 동물의 몸에서 가슴과 엉덩이 사이의 부위.

예 배가 부르다.

배² 「명사」 사람이나 짐 등을 싣고 물 위로 떠다니도록 나무나 쇠 등으로 만든 물건.

예 배를 타다.

배³ 「명사」 배나무의 열매.

예 배를 먹다.

예 세다

세다¹ 「동사」 머리카락이나 수염 등의 털이 희어지다.

예 머리카락이 세다.

세다² 「동사」 사물의 수효를 헤아리거나 꼽다.

예 사과의 개수를 세다.

세다³ 「형용사」 힘이 많다.

예 힘이 세다.

특징 동음이의어는 소리만 같을 뿐 단어의 뜻은 서로 아무 관련이 없기 때문에 국어사전에 각각 다른 단어로 풀이되어 있다. '세다¹, 세다², 세다³'과 같이 위첨자가 달린 별도의 표제어로 구분한다.

개념 확인

1 소리는 같으나 뜻이 다른 단어를 (　　　　　　　) 라고 한다.

2 동음이의어는 국어사전에서 위첨자가 달린 별도의 표제어로 구분한다. ○ ✕

[1~2] 다음 문장의 빈칸에 알맞은 단어를 **보기**에서 찾아 기호와 함께 쓰세요.

1

> **보기** ㉠ **바람¹** 기압의 변화 또는 사람이나 기계에 의하여 일어나는 공기의 움직임.
>   ㉡ **바람²** 어떤 일이 이루어지기를 기다리는 간절한 마음.

(1) 오늘은 _____ 이 세게 불어서 추워요.

(2) 엄마의 _____ 은 우리 가족 모두가 건강한 거래요.

2

> **보기** ㉠ **밤¹** 해가 져서 어두워진 때부터 다음 날 해가 떠서 밝아지기 전까지의 동안.
>   ㉡ **밤²** 밤나무의 열매.

(1) 가을에 _____ 줍기 체험 학습이 예정되어 있다.

(2) _____ 에 혼자 으슥한 산길을 걷는데 너무 무서웠다.

[3~5] **보기**에 나타난 '배'의 의미를 바탕으로 각 단어를 넣어 짧은 문장을 지어 쓰세요.

> **보기** **배¹** 사람이나 동물의 몸에서 위장, 창자, 콩팥 등의 내장이 들어 있는 곳.
>   **배²** 사람이나 짐 등을 싣고 물 위로 떠다니도록 나무나 쇠 등으로 만든 물건.
>   **배³** 배나무의 열매.

3 배¹ ⇨ _____

4 배² ⇨ _____

5 배³ ⇨ _____

[1~3] 다음 글을 읽고, 단어의 뜻을 짧은 문장으로 써 보세요.

언제나처럼 우리 집 주말 점심은 김밥이다. 이번 주 김밥 말기 담당인 내가 졸린 눈을 비비며 열심히 김밥을 ㉠말고 있는데, 누나가 식탁에 앉아서 젓가락을 물고 멍하게 있었다.

"너는 먹다 ㉡말고 무슨 생각을 그렇게 하니?"

엄마가 김밥을 썰며 말씀하셨다. 그리고 썬 김밥을 접시에 담아 누나에게 건네셨다. 한쪽에서는 아빠가 라면 국물에 밥을 ㉢말고 계셨다.

"김밥을 드시지 그래요."

엄마의 잔소리가 시작되었다.

"라면 국물 ㉣간이 얼마나 센데, 짜게 먹으면 혈압도 오르고 ㉤간에도 부담을 준다고요."

㉮아빠는 눈을 질끈 감고 남은 국물을 후루룩 마셨다. 그리고 얼른 자리를 피해 욕실로 가서 머리를 감는다. 언제나처럼 우리 집 주말 점심은 평화롭다.

1 ㉠~㉢에 쓰인 '말다'의 뜻으로 알맞은 것을 찾아 번호를 쓰세요.

① 넓적한 물건을 돌돌 감아 원통형으로 겹치게 하다.
② 밥이나 국수 등을 물이나 국물에 넣어서 풀다.
③ 어떤 일이나 행동을 하지 않거나 그만두다.

(1) ㉠: (   )   (2) ㉡: (   )   (3) ㉢: (   )

2 ㉣과 ㉤에 쓰인 '간'의 뜻을 문맥을 통해 짐작하여 간단히 써 보세요.

(1) ㉣ '간'의 뜻 ⇨ _____

(2) ㉤ '간'의 뜻 ⇨ _____

3 ㉮에 나타난 동음이의어를 찾아 O표 하고, 각 단어의 뜻을 써 보세요.

⇨ _____

⇨ _____

전문어, 차별 표현 알기

✏️ 필사하며 익히기

소금 뿌리고.

소금은 염화 나트륨, 기름은 지방. 어떻게 부르냐에 따라 익숙하던 대상도 낯설게 느껴진다.

➡️ '염화 나트륨'과 '지방'은 과학 분야에서 쓰는 전문어예요.

등산 초보자를 가리키는 '산린이'처럼 남을 얕잡아 보는 말보다 '새내기'라는 긍정의 말을 쓰면 어떨까?

➡️ 무언가를 잘하지 못하는 사람들을 부를 때 붙이는 '-린이'는 차별 표현이에요.

😊 전문어는 전문적인 일을 수행하는 상황에서 의사소통을 원활하게 할 목적으로 사용하는 말로, 전문어를 사용하면 전문적인 지식을 전달할 수 있어요. 그리고 우리가 알게 모르게 사용하는 차별 표현에는 다른 사람을 차별하려는 의도가 담겨 있으므로 사용하지 말아야 해요. 전문어와 차별 표현을 알면 서로를 존중하며 바른 의사소통을 할 수 있어요.

전문어

專 오로지 전, 門 문 문,
語 말씀 어
전문 분야에서 쓰는 말

전문성이 필요한 분야에서 그 일을 효과적으로 하기 위하여 사용하는 말을 전문어라고 한다.

면은 알 단테로,
채소는 소테해 주세요.

요리사

- 알 단테 ➡ 겉은 부드럽고 속은 약간 단단한 상태.
- 소테 ➡ 적은 기름으로 센불에서 빠르게 볶는 것.

비말로 감염되었을 수
있으므로 코호트 격리가
필요합니다.

의사

- 비말 ➡ 입에서 나오는 작은 물방울.
- 감염 ➡ 병의 원인이 되는 미생물이 몸 안에 들어가 늘어나는 일.
- 코호트 격리 ➡ 감염병의 확산을 막고자 감염된 환자와 환자가 발생한 시설을 하나로 묶어 외부와 떼어 놓는 일.

특징1 해당 분야에 대한 지식이 없으면 단어의 뜻을 알기 어렵다.

특징2 전문어는 구체적이고 정확한 개념을 표현하는 말이기 때문에 외국에서 들여온 경우 우리말로 바꾸어 표현하기 어렵다.

개념 확인

1 전문어는 특정 분야에서 전문적인 개념을 표현하기 위해 사용하는 말이므로 그 뜻이 구체적이고 정확하다. ◯ ✕

차별 표현

差 어그러질 차,
別 다를 별, 表 겉 표,
現 나타날 현
특정한 사람을 깎아내리는 표현

사람들의 다양한 차이를 바탕으로 편을 나누어 다른 편에게 부정적인 태도를 드러내거나, 불평등하게 대우하는 언어 표현을 차별 표현이라고 한다.

벙어리장갑 (✕)

➡ 손모아장갑 , 엄지장갑 (◯)

반팔 (✕) ➡ 반소매 (◯)

주의 차별 표현은 일상생활에 스며들어 있어 무심코 사용하는 경우가 많다. 이를 대체할 수 있는 표현을 알아 두고 잘못된 언어생활을 바꿔 나가기 위해 노력해야 한다.

개념 확인

2 '벙어리장갑'은 언어 장애인에게 차별적인 단어로 느껴질 수 있기 때문에 ( )이라고 바꿔 말해야 한다.

[1~2] 다음 대화를 보고, 물음에 답하세요.

1 의사와 간호사의 대화에 사용된 전문어를 찾아 쓰세요.

(   ), (   )

2 1에서 답한 전문어가 뜻하는 것을 ㉠에서 찾아 쓰세요.

(   ), (   )

[3~5] 다음 말에서 차별 표현을 찾아 O표 하고, 보기에서 바른 표현을 찾아 고쳐 쓰세요.

보기	손모아장갑	군인	반소매

3 "나도 이모처럼 멋진 여군이 될 거야!"

⇨ " _____ "

4 "이 반팔 티셔츠가 나한테 잘 어울리는지 봐 줘."

⇨ " _____ "

5 "손가락장갑보다 벙어리장갑이 따뜻해."

⇨ " _____ "

[1~3] 다음 글을 읽고, 짧은 문장을 써 보세요.

최근 청소년들은 '초딩', '잼민이' 등과 같은 말을 자주 사용한다. 이런 표현에는 어린이를 얕잡아 보는 시각이 담겨 있다. 또한 어른들도 '어린이는 어른보다 서툴고 미숙하다.'라는 편견을 담은 ㉠'산린이', '요린이'와 같은 말을 꽤 많이 사용한다.

'-린이'는 어떤 일을 처음 할 때 능숙하지 못한 초보자를 비유하는 말로 사용되는데, '-린이'라고 지칭하는 대상은 실제 어린이가 아니라 어른이 대부분이다. 성장이 끝나지 않았다는 사실만으로 어린이를 미숙한 존재로 정의하고, 미숙함을 보이는 사람에게 어린이 같다고 하는 것이다. '초보자', '입문자'라는 말을 두고 '-린이'라는 표현을 사용하는 것은 어린이에 대한 편견과 고정 관념을 부추기는 좋지 않은 표현이다.

어린이에 대한 차별 표현은 어린이를 권리 주체로 존중하지 않는 우리 사회의 현실을 보여 준다. 아동 심리 전문가들은 최근 한 심포지엄에서 ㉡어린이들은 자신을 존중하는 사회 분위기를 통해 라포르를 형성하고 자존감과 자기 효능감을 회복하여 연대감, 책임감을 가진 어른으로 자라난다는 점을 강조하였다. 어린이를 어른과 동등한 사회 구성원으로 존중하는 인식의 개선과 실천이 필요한 때이다.

1 ㉠에 나타난 차별 표현을 알맞은 표현으로 고쳐 쓰세요.

(1) 산린이: _____   (2) 요린이: _____

2 다음은 ㉡ 문장에 사용된 단어에 대한 설명입니다. 빈칸에 알맞은 단어를 쓰세요.

⇨ '라포르', '자기 효능감'과 같은 말은 심리학 분야의 전문인이 쓰는 _____

이다.

3 내가 차별 표현을 듣거나 사용한 상황을 떠올려 보고, 차별 표현을 알맞은 표현으로 고쳐 써 보세요.

⇨ _____

_____

05 줄임말, 새말 알기

지치고 힘들어 모든 것을 포기하고 싶은 너에게 꼭 들려주고 싶은 말, "중꺾마!"

➡ '중꺾마'는 '중요한 건 꺾이지 않는 마음'을 줄여 말한 것이에요.

_____

_____

'반려'는 짝이 되는 친구라는 뜻이에요. 반려 동물은 평생을 함께하는 소중한 가족입니다.

➡ 애완동물은 사람에게 즐거움을 주는 장난감 같은 존재라는 인식을 주어서 '반려동물'이라는 말이 생겨났어요.

_____

_____

😊 디지털 매체를 통한 의사소통이 일상화되면서 말을 짧고 재미있게 줄여 쓰는 줄임말이 인기를 끌고, 사회가 변화 발전하면서 새말이 생겨나기도 해요. 줄임말과 새말은 우리말을 풍부하게 해 주지만 우리말을 훼손할 정도로 너무 줄여 쓰거나, 우리말로 표현할 수 있는데도 새말을 만들어 쓰는 일은 자제하는 것이 좋아요.

줄임말

짧게 줄여 만든 말

단어의 일부분을 줄여 짧고 재미있게 만든 말을 줄임말이라고 한다.

예
| 꾸안꾸 | ➡ '꾸민 듯 안 꾸민 듯'을 줄여 쓴 말.

| 웃프다 | ➡ '웃기면서도 슬프다'를 줄여 쓴 말.

특징 줄임말은 효율적인 의사소통을 위해, 짧은 시간 내에 하고 싶은 말을 많이 전달하려고 하면서 생겨났다. 요즘은 온라인 대화에서 많이 찾아볼 수 있다.

주의 '요즈음 → 요즘'과 같이 단어의 일부분이 줄어든 것은 '준말'이라고 한다. 준말은 표준어이지만 '줄임말'은 표준어가 아닌 것이 많으므로 공식적인 상황에서는 줄임말을 사용하지 않는 것이 좋다.

개념 확인 1 줄임말은 온라인 대화에서 하고 싶은 말을 자세하고 정확하게 전달하려고 하면서 생겨나기 시작했다.

○ ✕

새말

새로 생긴 말

사회가 변화 발전하면서 새로 생겨난 물건이나 개념을 표현하기 위해 만들어진 말을 새말이라고 한다.

예

| 둘레길 |

➡ 산이나 호수, 섬 등의 둘레를 걷기 좋게 조성한 길을 말한다. '둘레'와 '길'을 합성하여 만든 말이다.

| 싱크대 |

➡ 개수대를 뜻하는 영어 'sink'에 한자 '대(臺 돈대 대)'를 합성하여 만든 말이다.

특징 외국과의 교류가 활발해지면서 '| 스마트폰 |, | 텀블러 |, | 뮤지컬 |' 등과 같이 외국어를 그대로 빌려 사용하는 경우가 늘고 있다.

개념 확인 2 사회가 변화 발전하면서 새로 생겨난 물건이나 개념을 표현하기 위해 만들어진 말을 ( ) 이라고 한다.

[1~3] 다음에서 설명하는 것과 같은 방법으로 만들어진 줄임말이나 새말을 보기에서 찾아 쓰세요.

보기	노잼	띵작	센캐

1

'이름난 훌륭한 작품.'이라는 뜻의 '명작'을 글자의 생김새를 활용해 '명'를 'ㄸ'과 'ㅣ'로 나누어 새롭게 만든 말이다.   ⇨ _____

2

'재미'를 '잼'으로 줄이고 앞에 영어 'No'를 붙여 어떠한 것이 재미없다는 뜻으로 새롭게 만든 말이다.   ⇨ _____

3

'센 캐릭터'를 줄여 만든 말로, 힘이 세거나 기가 셀 것처럼 보이는 사람을 이른다.   ⇨ _____

4 밑줄 친 부분을 새말로 간단하게 바꾸어 문장을 고쳐 쓰세요.

섬 둘레를 걷기 좋게 조성한 길을 따라 한 바퀴 돌면 울릉도의 다양한 풍경을 감상할 수 있다.

⇨ _____

5 보기의 새말 중 하나를 골라 순우리말로 바꾸어 표현해 보세요.

보기	텀블러 뮤지컬 스마트폰	(_____)

⇨ _____

[1~3] 다음 글을 읽고, 짧은 문장을 써 보세요.

> 나는 평소에 매운 음식을 잘 못 먹지만 친구들과 어울리고 싶은 마음에 마라탕을 먹는 데에 따라갔다. 매운 게 들어갈수록 배가 아파서 쩔쩔매는 나를 보고 지후가,
> ㉠"이 정도 맵기도 못 먹다니 오나전 캐안습이다."
> 라고 말하며 웃었다. 고통스러워하는 나를 걱정해 주기는커녕 놀리는 말이 정말 서운했다.
> 요즘에는 매운 음식을 잘 먹지 못하는 사람을 ㉡'맵찔이'라고 부르며 무시하거나, 매운 음식을 잘 먹는 것에 자부심을 느끼는 사람에게 ㉢'맵부심'이 있다고 말한다. 나는 이것이 잘못된 일이라는 것을 지후에게 알려 주기 위해 영국의 한 연구팀에서 밝힌 내용을 예로 들어 설명하였다.
> "사람마다 손가락 지문의 모양이 다른 것처럼 사람의 혀에 있는 수많은 돌기의 배열에 따라 사람마다 맛이나 식감을 느끼는 정도가 다르대."
> 다행히 내 말을 들은 지후는 바로 사과를 하였다.
> "아, 그렇구나. 매운 음식을 못 먹는다고 놀림을 당하고, 잘 먹는다고 자부심을 가질 일도 아닌데, 내가 실수했어. 미안해."
> 맛을 인식하는 정도는 사람마다 다른 것이기 때문에 자신에게 맞는 음식을 맛있게 먹으면 되는 것 아닐까?

1 ㉠을 친구를 배려하는 마음이 드러나는 말로 고쳐 쓰세요.

⇨ "_____"

2 ㉡'맵찔이'와 ㉢'맵부심' 같은 말을 들으면 어떤 느낌이 드는지 쓰세요.

⇨ _____

3 보기를 참고하여 음식이나 맛과 관련된 줄임말이나 새말을 떠올려 그 뜻을 풀어 써 보세요.

보기	불닭	맵단
	단짠	낙곱새

⇨ _____

_____

2장

품사의 의미와 특성

단어를 기능, 형태, 의미에 따라 공통된 성질을 가진 것끼리 모아 놓은 갈래를 품사라고 해요.
우리말은 아홉 가지의 품사로 나뉘는데, 각 단어가 문장 안에서 어떤 역할을 하는지
그 기능과 공통된 의미를 알면 우리말을 올바로 이해하고 사용할 수 있어요.

체언(명사, 대명사, 수사) 알기

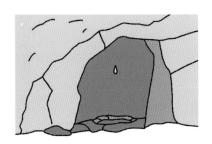

작은 물방울이 바위를 뚫는다. 꾸준히 노력하면 이루지 못할 것이 없다.

➡ '물방울', '바위'는 대상의 이름을 나타내는 명사예요.

시작   완성

나는 끈기라는 보물 하나를 얻었다. 끈기는 성과를 만드는 기적의 도구다.

➡ '나'는 대상의 이름을 대신하여 가리키는 대명사이고, '하나'는 수량을 나타내는 수사예요.

😊 명사, 대명사, 수사는 주로 주어나 목적어 등으로 쓰여 문장의 중심을 이루기 때문에 체언이라고 불러요. 문장 안에서 체언의 특성에 맞게 단어를 쓸 수 있도록 그 특성을 잘 알아 두는 것이 좋아요.

체언

體 몸 체, 言 말씀 언
문장의 몸체가 되는 말

- 체언은 문장의 몸체가 되어 중심을 이루는 말로, 명사, 대명사, 수사가 있다.
- 문장에서 주로 주어, 목적어, 보어 등으로 쓰이며, '-이(가), -은(는), -을(를)' 등과 같은 조사와 결합할 수 있다.
- 문장 속에서 형태가 변하지 않는다.

명사

名 이름 명, 詞 말씀 사
이름을 나타내는 말

사람이나 사물, 장소 등의 이름을 나타내는 단어를 명사라고 한다.

예 공원 이 넓다.
장소의 이름을 나타냄.

자전거 를 탔다.
사물의 이름을 나타냄.

강아지 가 짖었다.
동물의 이름을 나타냄.

종류	고유 명사	보통 명사
	특정한 대상이나 사람을 가리키는 명사. 예 한국, 강원도, 섬진강	같은 종류의 모든 사물에 두루 쓰이는 명사. 예 사람, 나라, 도시, 강

개념 확인　　1　사람이나 사물, 장소 등의 이름을 나타내는 단어를 (　　　　　) 라고 한다.

대명사

代 대신할 대,
名 이름 명, 詞 말씀 사
이름을 대신 나타내는 말

사람이나 사물, 장소의 이름을 대신하여 나타내는 단어를 대명사라고 한다.

예 우리 는 산책을 나갔다.
사람의 이름을 대신하여 나타냄.

그곳 은 걷기 좋았다.
장소의 이름을 대신하여 나타냄.

종류	인칭 대명사	지시 대명사
	사람을 가리키는 대명사. 예 나, 너, 우리, 이분, 그, 저, 누구	어떤 대상이나 장소 등을 이르는 대명사. 예 이것, 거기, 어디, 무엇

개념 확인　　2　'나, 우리, 이것, 그것, 여기, 저기' 등을 [명사] [대명사] 라고 한다.

수사

數 셀 수, 詞 말씀 사
수를 나타내는 말

사람이나 사물의 수량이나 순서를 나타내는 단어를 수사라고 한다.

예 모둠원 다섯 이 모였다.
수량을 나타냄.

첫째 는 주제 정하기이다.
순서를 나타냄.

개념 확인　　3　'하나, 둘, 첫째, 둘째' 등과 같이 수량이나 순서를 나타내는 단어를 명사라고 한다. [○] [X]

1 보기의 단어들을 명사와 대명사로 구분하여 쓰세요.

보기	나비	운동화	너	행복	이것	우리

(1) 명사	(2) 대명사

2 밑줄 친 대명사가 대신하여 나타내는 대상을 문장에서 찾아 쓰세요.

> 나는 도은이에게 받은 초콜릿을 냉장고에 넣으면서 동생에게 "이거 여기에 넣어 둘 거니까 먹으면 안 돼!"라고 말하였다.

(1) '이거' ⇨ (   )   (2) '여기' ⇨ (   )

3 밑줄 친 수사를 알맞게 구분하여 다음 표에 쓰세요.

> • 삼에 사를 더하면 칠이 된다.
> • 우리 반 급훈이 첫째는 정직, 둘째는 노력이다.
> • 시장에 가서 양배추 하나와 오이 둘을 사 왔다.

(1) 수량을 나타냄.	(2) 순서를 나타냄.

4 보기에서 명사와 수사를 찾고, (1)에는 명사를, (2)에는 수사를 써넣어 문장을 완성하세요.

보기	그곳	태권도	누구	둘

(1) 나는 _____ 을(를) 좋아한다.

(2) 우산을 친구와 _____ 이(가) 썼더니 어깨가 다 젖었다.

[1~3] 다음 글을 읽고, 짧은 문장을 써 보세요.

지구 온난화로 북극 얼음이 녹아내리며 북극곰이 살 곳이 사라져 간다는 뉴스를 보며 평범한 아홉 살 소년 펠릭스는 결심을 했다.

"북극곰을 위해 나무 백만 그루를 심자!"

어른들이 코웃음을 쳤지만 펠릭스는 포기하지 않고 자신과 뜻을 함께할 친구들을 찾아 나섰다.

"우리 힘으로 ㉠북극곰을 구하자!"

㉡펠릭스의 외침에 친구들이 힘을 보탰다. 그들은 조금씩 앞으로 나아갔고, 이 캠페인이 어린이들 사이에서 입소문을 타기 시작하면서 나라 전체에 '나무 심기' 열풍을 일으켰다.

3년 뒤, 어린이들은 ㉢백만의 절반인 오십만 그루의 나무를 심게 되었다. 어른들도 펠릭스의 캠페인에 관심을 가지기 시작하였고, 유엔에서는 ㉣그를 초청해 연설을 부탁하였다.

"지금부터는 어린이, 어른 할 것 없이 전 세계인이 함께해야 합니다. ㉤우리는 1조 그루의 나무를 심을 수 있습니다."

펠릭스의 연설은 어른들의 마음을 움직였고, 전 세계가 펠릭스의 '나무 심기 캠페인'에 동참하기 시작했다. 우리나라도 세계에서 일곱 번째로 많은 나무를 심으며 펠릭스를 응원했다. 그 결과 지금까지 전 세계에서 무려 150억 그루의 나무를 심었다.

1 ㉠~㉣을 구분하여 다음과 같이 나누어 쓰세요.

(1) 명사	(2) 대명사	(3) 수사

2 ㉤'우리'가 가리키는 대상을 앞 문장에서 찾아 쓰세요.

(   )

3 지구를 지키기 위해 우리가 할 수 있는 일 한 가지를 알맞은 체언을 사용하여 써 보세요.

⇨ _____

용언(동사, 형용사) 알기

어둠이 깊을수록 별은 더 밝게 빛난다. 어려움은 더 밝은 희망을 얻기 위한 과정이다.

⇨ '빛나다'는 대상의 움직임을 나타내는 동사예요.

말이 주는 상처는 칼이 입힌 상처보다 깊다. 몸의 상처는 새살이 돋지만, 마음의 상처는 쉽게 아물지 않는다.

⇨ '깊다'는 대상의 상태를 나타내는 형용사예요.

😊 문장에서 동사는 대상의 동작을 나타내고, 형용사는 대상의 상태를 나타내요. 동사와 형용사는 종결 표현, 높임 표현, 시간 표현 등을 나타내는 데 중요한 역할을 하므로 이를 적절하게 활용할 수 있어야 해요.

용언

用 쓸 용, 言 말씀 언
문장의 서술어가 되는 말

- 동사와 형용사는 문장의 주어를 서술하는 서술어 역할을 하며, 동사와 형용사를 통틀어 용언이라고 한다.
- 동사와 형용사는 문장에서 형태가 변하는데, 이를 활용이라고 한다.

예 기본형인 (웃다)는 (웃고, 웃는, 웃어서, 웃으니) 등으로 활용하여 쓰인다.

동사

動 움직일 동,
詞 말씀 사
동작을 나타내는 말

사람이나 사물의 움직임을 나타내는 단어를 동사라고 한다.

예 꽃이 (피다).

예 공을 (던지다).

개념 확인 1 사람이나 사물의 움직임을 나타내는 단어를 ( ) 라고 한다.

형용사

形 형상 형, 容 얼굴 용,
詞 말씀 사
상태를 나타내는 말

사람이나 사물의 상태나 성질을 나타내는 단어를 형용사라고 한다.

예 날씨가 (좋다).

예 나무가 (크다).

주의 동사는 명령형이나 청유형으로 쓸 수 있고, '-는다/-ㄴ다', '-고 있다'를 붙일 수 있지만, 형용사는 그럴 수 없다.

품사	기본형	명령형	청유형	-는다/-ㄴ다	-고 있다
동사	뛰다	뛰어라	뛰자	뛴다	뛰고 있다
형용사	고프다	고파라(×)	고프자(×)	고픈다(×)	고프고 있다(×)

개념 확인 2 '크다, 작다', '좋다, 싫다' 모두 사물의 상태나 성질을 나타내는 형용사이다. ○ ✕

[1~3] 다음 문장에 쓰인 용언이 동사인지 형용사인지 쓰세요.

1 백두산이 한라산보다 <u>높다</u>. ⇨ (   )

2 나는 흐르는 물에 포도를 <u>씻었다</u>. ⇨ (   )

3 집에만 있다가 밖에 나오니 정말 <u>시원하다</u>. ⇨ (   )

[4~6] 다음 단어의 품사로 알맞은 것에 ○표 하고, 문장의 빈칸에 알맞은 형태로 바꾸어 써넣으세요.

4 뛰어들다   동사 | 형용사

  ⇨ 물총새는 먹이를 발견하면 번개같이 빠르게 물속으로 _____ .

5 뾰족하다   동사 | 형용사

  ⇨ "할머니, 물고기를 사냥하는 물총새의 부리는 길고 _____ ."

6 넘어지다   동사 | 형용사

  ⇨ 물총새를 보려고 급하게 뛰어가던 연우는 돌부리에 걸려 _____ .

[1~3] 다음 글을 읽고, 짧은 문장을 써 보세요.

> 엄마께
>
> 엄마, 얼마 전 엄마께 짜증 냈던 일을 사과드리고 싶어요. 그날 아침, 입으려고 한 옷이 빨래 바구니에 있는 걸 보고 저도 모르게 엄마께 소리를 ㉠질렀어요. 깜짝 놀라신 엄마가 "바빠서 못 빨았어. 다른 거 입고 가." 하고 달래 주셨지만, 전 툴툴거리며 밥도 안 먹고 집을 ㉡나섰죠. 터벅터벅 학교로 걸어가는데 미안해하시던 엄마의 표정이 자꾸 떠올라서 마음이 ㉢무거웠어요. 그렇게 소리를 지르면 안 되는 거였는데……. 바로 엄마께 죄송하다고 문자를 드리려고 했는데, 망설이다가 쑥스러워서 그냥 교실로 들어갔어요.
>
> 그리고 하필 ㉮그날 저녁밥이 제가 싫어하는 카레여서 또 엄마께 짜증을 [   ]. 깨지락깨지락 밥을 먹는 둥 마는 둥 하다가 방으로 들어가 책상 앞에 앉았는데, 아침에도 후회해 놓고 왜 자꾸 이러는지 모르겠다는 생각이 들었어요. 그때 엄마가 과일을 들고 오셔서 "혜빈아, 내일은 너 좋아하는 미역국 끓여 줄게." 하시는데 눈물이 왈칵 쏟아졌어요. 엄마가 요새 회사 일 때문에 바쁘신 걸 알면서 도와드리지는 못하고 짜증만 부려서 ㉣죄송해요. 앞으로는 착한 딸이 될게요.
>
> 사랑하는 딸 혜빈 올림

1 ㉠~㉣을 다음 표에 구분하여 나누어 쓰세요.

(1) 움직임을 나타내는 단어	(2) 상태나 성질을 나타내는 단어

2 ㉮ 문장의 빈칸에 알맞은 동사를 써넣어 문장을 완성해 보세요.

⇨ 그날 저녁밥이 제가 싫어하는 카레여서 또 엄마께 짜증을 _____.

3 보기에서 동사를 찾아 ○표 하고, 그 단어를 넣어 엄마께 마음을 전하는 쪽지를 써 보세요.

보기	고맙다 사랑하다	⇨
	죄송하다 부끄럽다	

수식언(관형사, 부사) 알기

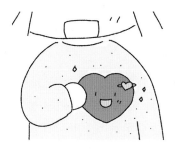

나는 날마다 모든 면에서 점점 좋아지고 있다. 긍정에는 무한한 힘이 숨어 있다.

⇨ '모든'은 '면'을 꾸며 주는 관형사예요.

_____

_____

절대 포기하지 말아라. 한번 포기하면 습관이 된다.

⇨ '절대'는 '포기하지 말아라'를, '한번'은 '포기하면'을 꾸며 주는 부사예요.

_____

_____

😊 수식언은 문장에서 다른 단어를 꾸며 주는 역할을 하는 말로, 관형사와 부사가 있어요. 관형사와 부사는 문장의 의미를 명확하게 해 주고, 내용을 풍부하게 해 주지요.

수식언

修 닦을 수, 飾 꾸밀 식,
言 말씀 언
꾸며 주는 말

- 문장에서 뒤에 오는 체언이나 용언을 꾸며 주는 기능을 하는 말을 수식언이라고 한다.
- 관형사와 부사는 문장에서 쓰일 때 형태가 변하지 않는다.
- 관형사는 조사와 결합할 수 없지만, 부사는 조사와 결합할 수 있다.

관형사

冠 갓 관, 形 형상 형,
詞 말씀 사
체언을 꾸며 주는 말

체언(명사, 대명사, 수사) 앞에서 체언이 '어떤' 것인지 꾸며 주는 단어를 관형사라고 한다.

예 이쪽으로 가면 (옛) 골목이 나온다.

'골목'을 꾸며 주는 관형사

종류 '옛, 헌, 새'처럼 대상의 성질이나 상태를 나타내는 성상 관형사, '이, 그, 저'처럼 대상을 가리키는 지시 관형사, '한, 두, 여러, 모든'처럼 수량이나 순서를 나타내는 수 관형사가 있다.

개념 확인 1 체언을 꾸며 주는 단어를 (   ) 라고 한다.

부사

副 버금 부, 詞 말씀 사
용언을 꾸며 주는 말

주로 용언을 꾸며 주지만, 다른 부사나 관형사, 또는 문장 전체를 꾸며 주기도 하는 단어를 부사라고 한다.

예 (과연) 골목에는 관광객이 (정말) 많았다.

문장 전체를 꾸며 주는 부사   '많았다'를 꾸며 주는 부사

특징 부사는 문장 내에서 위치가 비교적 자유롭다.

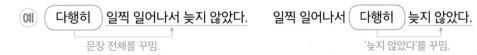

예 (다행히) 일찍 일어나서 늦지 않았다.   일찍 일어나서 (다행히) 늦지 않았다.

문장 전체를 꾸밈.   '늦지 않았다'를 꾸밈.

개념 확인 2 부사는 주로 [용언 체언] 을 꾸며 주지만, 문장 전체를 꾸며 주기도 한다.

[1~2] 밑줄 친 단어가 꾸며 주는 말에 ○표 하고, 밑줄 친 단어들의 품사를 괄호 안에 쓰세요.

1

(1) 나는 <u>새</u> 책을 샀다.

(2) <u>이</u> 노래가 내가 좋아하는 노래다.

(3) 엄마가 <u>헌</u> 옷을 수거함에 버리셨다.

⇨ (4) 품사: (　　　　　　　　　　)

2

(1) 날씨가 <u>무척</u> 덥다.

(2) 약속을 <u>꼭</u> 지킵시다.

(3) 시아는 표정이 <u>늘</u> 밝다.

⇨ (4) 품사: (　　　　　　　　　　)

3 밑줄 친 부사가 꾸며 주는 부분이나 단어를 찾아 쓰세요.

(1) <u>설마</u> 오늘 비가 오지는 않겠지? ⇨ _____

(2) 우리 반에서 하윤이가 <u>가장</u> 빨리 달린다. ⇨ _____

4 보기의 관형사를 사용하여 다음 문장을 완성하세요.

보기
맨
어떤

(1) 한들이가 잃어버린 모자는 _____

(2) 운동장에 줄을 설 때 내가 _____

5 보기의 부사를 사용하여 다음 문장을 완성하세요.

보기
쨍쨍
무척

(1) 한결이와 은결이는 성격도 _____

(2) 오후 한 시가 지나자 햇볕이 _____

정답 및 해설 09 쪽

[1~3] 다음 글을 읽고, 짧은 문장을 써 보세요.

> 겨울 방학에 우리 가족은 제주도로 여행을 떠났다. 숙소는 아빠의 고향과 가까운 해안가에 있었다. ㉠새끼줄로 묶인 지붕과 그 옆의 까만 돌담이 정말 예뻤다. 아빠가 제주도에는 현무암이라는 까만 돌이 많은데, 이 돌은 화산이 폭발할 때 용암이 빠르게 식으면서 만들어진 것이라고 설명해 주셨다.
> 우리 가족은 숙소 근처에 있는 '성산 일출봉'에 먼저 가 보기로 했다. 성산 일출봉은 정상에서 보는 일출이 장관이어서 새벽마다 일출을 보기 위해 오르는 관광객으로 ㉮늘 붐빈다고 한다. 직접 가서 보니 바다에 우뚝 솟은 분화구의 가장자리가 마치 성벽처럼 웅장해 보였다.
> 성산 일출봉을 구경한 다음 휴애리에 갔다. 화려한 동백꽃으로 둘러싸인 동백 올레길을 걷다 보니 겨울이 맞는지 헷갈릴 정도였다. 우리는 새콤달콤한 제주 감귤도 직접 따서 맛보고 가족사진도 찍었다.
> 저녁에는 제주도에서 유명하다는 통갈치 조림을 먹었다. ㉡양이 푸짐해서 온 가족이 배불리 먹었다. 숙소에 돌아와 오늘 찍은 사진을 보면서 제주도에 또 오면 좋겠다고 생각했다.

1 ㉠, ㉡ 문장에서 관형사와 부사를 찾아 관형사에는 ○표, 부사에는 △표를 하세요.

(1) ㉠　새끼줄로 묶인 지붕과 그 옆의 까만 돌담이 정말 예뻤다.

(2) ㉡　양이 푸짐해서 온 가족이 배불리 먹었다.

2 ㉮의 품사를 쓰고, 그 까닭을 함께 정리하여 쓰세요.

(1) 품사 ⇨ (　　　　　　　)

(2) 그 까닭 ⇨

3 여행의 좋은 점이 무엇인지 알맞은 수식언을 사용하여 자신의 생각을 써 보세요.

⇨

08 수식언(관형사, 부사) 알기 **045**

09 관계언(조사), 독립언(감탄사) 알기

친구는 기쁨을 두 배로 만들어 주고, 슬픔은 절반으로 줄여 준다.

⇨ '는, 을, 로, 은, 으로'는 조사예요.

✏️

후유, 지금이라도 깨달아서 다행이다. 나의 가장 큰 재산은 좋은 친구들이다.

⇨ '후유'는 고비를 넘겼을 때 안심하여 크고 길게 내쉬는 소리를 나타내는 감탄사예요.

😊 조사는 문장에서 홀로 쓰이지 못하고 주로 체언 뒤에 붙여서 쓰여요. 조사에 따라 문장의 의미가 달라지기 때문에 자신이 전달하고자 하는 의미에 어울리는 적절한 조사를 사용해야 해요. 그리고 감탄사는 말하는 이의 느낌이나 의지를 직접 나타내는 말로, 문장 안에서의 위치가 자유로운 편이에요.

관계언

關 빗장 관, 係 걸릴 계,
言 말씀 언
관계를 나타내는 말

조사

助 도울 조, 詞 말씀 사
도와주는 말

조사는 문장에 쓰인 단어들의 관계를 나타내는 기능을 하므로 관계언이라고 한다.

종류	격 조사	보조사
	주로 체언 뒤에 붙어서 그 체언이 일정한 자격을 가지도록 하는 조사	앞에 오는 말에 특별한 뜻을 더해 주는 조사

예 이모 가 고양이 를 키운다.
　　　　주격 조사　　　목적격 조사

예 동생 이 고양이 의 친구 이다 .
　　　　주격 조사　　관형격 조사　서술격 조사

예 이모 는 고양이 만 키운다.
　　강조할 대상임을　어떤 것으로 한정하는
　　나타내는 조사　　뜻을 나타내는 조사

예 동생 은 고양이 도 좋아한다.
　　강조할 대상임을　어떤 것이 포함되고 그 위에
　　나타내는 조사　　더함의 뜻을 나타내는 조사

특징 조사는 홀로 쓰이지 못하기 때문에 앞말에 붙여 쓴다.

개념 확인

1 '이/가', '은/는', '을/를'과 같이 다른 말과의 문법적 관계를 나타내거나 앞말에 특별한 뜻을 더해 주는 단어를 [부사] [조사] 라고 한다.

독립언

獨 홀로 독, 立 설 립,
言 말씀 언
독립적으로 쓰이는 말

감탄사

感 느낄 감,
歎 탄식할 탄,
詞 말씀 사
느낌, 탄식을 나타내는 말

• 문장에서 다른 단어에 얽매이지 않고 독립적으로 쓰이므로 독립언이라고 한다.
• 놀람이나 느낌, 부름, 응답 등을 나타내는 단어를 감탄사라고 한다.

예 앗 , 고양이다.
놀람이나 느낌 뜻을 나타내는 감탄사

예 우아 ! 정말 귀여워.
놀람이나 느낌의 뜻을 나타내는 감탄사

예 응 , 강아지보다 귀엽네.
응답의 뜻을 나타내는 감탄사

특징 형태가 변하지 않고, 조사와 결합하지 않는다.

개념 확인

2 응답을 나타내는 "네!"처럼 감탄사 홀로 문장을 이룰 수도 있다. (○ X)

[1~2] 다음 문장에서 조사를 찾아 ○표 하고, 띄어쓰기에 맞게 문장을 다시 써 보세요.

1 나 는 친구 와 도서관 에서 만났다.

⇨ _____

2 학교 에서 집 까지 가는 지름길 을 발견하였다.

⇨ _____

[3~4] 감탄사의 뜻을 참고하여 다음 대화 상황에 어울리는 것을 보기에서 찾아 빈칸에 쓰세요.

보기	네	그래	와	앗

3

서연: 어제 축구 시합 정말 재미있었어!

한들: 우리 반이 이겨서 더 재미있었지. _____, 어떻게 우리 반이 최강
　　　 1반을 이기냐!
　　　　　　　　　　　　　　뜻밖에 기쁜 일이 생겼을 때 내는 소리

4

엄마: 정원아, 지금 몇 시지?

정원: (1) _____! 벌써 10시가 넘었네요.
　　　　　　놀랐을 때 지르는 외마디 소리

엄마: (2) _____, 얼른 씻고 자야지.
　　　　　　긍정하는 뜻으로 대답할 때 쓰는 말

정원: (3) _____, 엄마. 이것만 정리하고 금방 잘게요.
　　　　　　윗사람이 명령하는 말에 동의하여 대답할 때 쓰는 말

[1~3] 다음 글을 읽고, 짧은 문장을 써 보세요.

> 우스갯소리를 잘하는 김 선생은 어느 날, 친구의 집을 방문하였다.
> ㉠친구□ 밥상□ 차렸는데, 반찬□ 김치□ 푸성귀뿐이었다. 친구가 먼저 미안해하며 말하였다.
> "집이 가난하고 시장마저 너무 먼 탓에 내놓을 만한 반찬이 전혀
> 없고 싱거운 것뿐일세. 그저 부끄러울 따름이네."
> 그때 마침 뜰에서 닭들이 무리를 지어 어지럽게 모이를 쪼아 먹고
> 있었다. 그 장면을 본 김 선생이 친구에게 말하였다.
> "여보게, 친구."
> "응, 왜 그러는가."
> "사내대장부는 천금을 아끼지 않는 법이네. 내가 타고 온 말을 잡아 찬거리를 장만하게."
> "이런, 하나뿐인 말을 잡으라니? 무엇을 타고 돌아가려는가?"
> "나야 저 뜰에 있는 닭 타고 가면 되지."
> 김 선생의 대답에 친구는 크게 웃었다. 그러고 나서 곧장 닭을 잡아 대접하였다.

1 보기의 조사를 빠짐없이 사용하여 ㉠ 문장을 완성하세요.

보기	이	가	와	을

⇨ 친구＿＿＿ 밥상＿＿＿ 차렸는데, 반찬＿＿＿ 김치＿＿＿ 푸성귀뿐이었다.

2 다음 감탄사의 뜻에 알맞은 단어를 이 글에서 찾아 쓰세요.

(1) 가까이 있는 사람을 부를 때 쓰는 말. ⇨ (   )

(2) 뜻밖에 놀라운 일을 들었을 때 하는 말. ⇨ (   )

(3) 대등한 관계에 있는 사람의 부름에 응할 때 쓰는 말. ⇨ (   )

3 이 글을 읽고 든 생각이나 느낌을 감탄사를 넣어 자유롭게 써 보세요.

⇨ ＿＿＿＿＿＿＿＿＿＿＿＿＿＿＿＿＿＿＿＿＿＿＿＿＿＿＿＿＿＿

10 품사의 특성과 활용

✏️ **필사**하며 익히기

왕따 없는 우리 교실
모두가 하나 되어 밝게 웃어요.

➡ 첫 문장에서는 명사를 사용하여 내용을 압축하여 표현하였고,
다음 문장에서는 동사를 사용하여 행동을 강조하였어요.

✏️

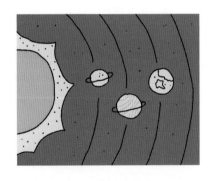

태양계의 행성은 모두 여덟 개인데, 그중 셋
째가 지구다. 꼭 첫 번째가 아니어도 괜찮다.

➡ '여덟'은 '개'를 꾸며 주고 '첫'은 '번째'를 꾸며 주는 수 관형사이고,
'셋째'는 수사예요.

😊 글을 쓸 때 명사를 반복적으로 사용하거나 행동을 표현하는 동사를 많이 사용하여 말하고자 하는 내용을 더 효과적
으로 표현하기도 해요. 문장 안에서 단어가 어떤 품사로 쓰이는지 알면 품사의 특성에 맞는 표현을 쓸 수 있어요.

명사와 동사의 특성과 활용

명사는 누구, 무엇, 어디 등을 나타내고, 동사는 행동을 나타낸다. 특정 사건이나 현상에 대해 쓸 때 완전한 문장의 형태인 동사로 끝맺거나, 완전한 문장의 형태가 아닌 명사로 마무리할 수 있다.

	동사를 주로 사용하였을 때	명사를 주로 사용하였을 때
예	• 분리배출을 실천해요. • 터미널에는 일상으로 돌아가려는 사람들과 이를 배웅하러 나온 가족의 발걸음이 하루 종일 이어졌습니다.	• 분리배출 실천. • 터미널에 하루 종일 이어진 아쉬운 발걸음.
특성	행동을 표현하는 동사를 많이 사용하면 문장의 의미가 분명하고 생동감 있게 드러나지만, 명사를 사용한 문장에 비해 길이가 길어진다.	명사를 많이 사용하면 내용을 간결하게 압축하여 핵심 정보만 전달하는 효과가 있지만, 상황에 따라 의미를 명확하게 전달하지 못할 수 있다.

개념 확인   **1** 내용을 간결하게 압축하여 핵심 정보만 전달할 때에는   명사 · 동사 를 주로 사용하여 표현하는 것이 좋다.

수사와 수 관형사의 특성과 활용

	수사	수 관형사
공통점	대상의 수량이나 순서를 나타낸다.	
차이점	체언이므로 조사가 붙을 수 있다.	관형사이므로 체언을 꾸며 주고, 조사가 붙을 수 없다.
예	의자가 모두 일곱 이 있다. 조사 '-이'가 붙은 수사	무지개는 일곱 색깔이다. '색깔'을 꾸며 주는 수 관형사

개념 확인   **2** 체언을 꾸며 주고, 조사가 붙을 수 없는 것은   수사 · 수 관형사 이다.

[1~2] 다음 문장에서 밑줄 친 단어의 품사로 알맞은 것에 ○표 하세요.

1 일곱에 셋을 더하면 <u>열</u>이 된다. ⇨   수사   수 관형사

2 <u>열</u> 길 물속은 알아도 한 길 사람의 속은 모른다. ⇨   수사   수 관형사

3 **보기**의 단어를 넣어 다음 문장의 핵심 정보를 간결하게 압축하여 빈칸에 쓰세요.

> 화재가 발생하면 소방관은 혹시 모를 사고에 대비해 현관문을 부수고 들어가 사람이 있는지 확인합니다.

보기 화재
현관문

⇨ _____ 소방관

[4~5] 다음 제목이 담고 있는 내용을 의미가 분명하게 드러나는 문장으로 바꾸어 쓰세요.

4
> **기사문 제목**: 소방관이 사람 구하려 부순 문, 항의하는 시민

⇨ 소방관이 사람을 구하기 위해 문을 부쉈는데,

그것에 대해 시민이 _____.

5
> **안내문 제목**: 행사장 주변 교통 통제

⇨ 오늘 열릴 행사로 인해, 행사장 주변의 교통을 _____.

[1~3] 다음 글을 읽고, 짧은 문장을 써 보세요.

하늘 초등학교 6학년, '진로 탐색 캠프' 운영
다양한 프로그램을 통해 진로를 탐색하고 진로 인식을 높이다

하늘 초등학교 6학년을 대상으로 '진로 탐색 캠프'를 운영하였다. 이 캠프에 참여한 6학년 학생들은 자신의 소질과 적성을 찾아보며, 진로에 대해 생각해 볼 수 있었다.

진로 탐색 캠프는 ㉠세 가지 프로그램으로 진행되었다. ㉡첫째는 '만나고 싶은 직업인' 설문 조사 결과로 초청된 학부모 수업이었다. 학생들의 관심이 높은 직업을 가진 학부모가 강사가 되어 "내가 좋아하는 일을 직업으로 삼을 수 있을까?"라는 주제로 학생들의 궁금증을 풀어 주었다. 둘째는 다양한 직업에 대해 알아보는 '진로 골든벨' 시간이었다. 문제를 많이 맞히는 것보다 모둠 활동을 통해 서로 소통하고 협력하며 새로운 직업에 대해 탐구하는 프로그램이었다. 마지막으로 '내 꿈 그리기' 프로그램은 20년 뒤 자신의 직업을 상상하며 그림을 그리는 시간이었다.

'진로 탐색 캠프'를 통해 학생들이 다양한 진로를 탐색하고, 자신의 삶을 주도적으로 개척해 나가기를 기대한다.

1 ㉠, ㉡의 품사를 정리한 것입니다. 빈칸에 알맞은 말을 써넣으세요.

⇨ ㉠의 '세'는 뒤에 오는 체언 (1) '＿＿＿＿＿＿＿＿＿'를 꾸며 주는 수 관형사이고,

㉡의 '첫째'는 조사 (2) '＿＿＿＿＿＿'이 붙은 (3) ＿＿＿＿＿＿＿＿＿이다.

2 명사를 주로 사용하여 다음 내용의 핵심 정보를 요약하여 쓰세요.

> '진로 탐색 캠프'의 세 가지 프로그램 ⇨ 1. 초청 학부모 강연

2. ＿＿＿＿＿＿＿＿＿＿＿＿ 3. ＿＿＿＿＿＿＿＿＿＿＿＿

3 이 글에 나타난 '진로 탐색 캠프'에서 참여하고 싶은 프로그램과 그 까닭을 동사로 끝맺는 완전한 문장의 형태로 써 보세요.

(1) 참여하고 싶은 프로그램 ⇨ ＿＿＿＿＿＿＿＿＿＿＿＿＿＿

(2) 그 까닭 ⇨ ＿＿＿＿＿＿＿＿＿＿＿＿＿＿

3장

문장의 짜임

문장에서 주어와 서술어의 관계가 두 번 이상 나타나는 것을 겹문장이라고 해요.

지금부터 공부할 이어진 문장과 안은문장은 모두 겹문장이랍니다.

바르고 좋은 문장을 쓰기 위해서는 문장의 짜임을 알아 두는 것이 좋아요.

11 이어진 문장 알기

지식을 얻으려면 공부를 해야 하고, 지혜를
얻으려면 관찰을 해야 한다.

➡️ '지식을 얻으려면 공부를 해야 한다'와 '지혜를 얻으려면 관찰
을 해야 한다'가 대등하게 이어진문장이에요.

✏️ _____

_____

실수해도
괜찮아.

우리는 넘어지지 않으면 일어서는 법도 배울
수 없다. 실수는 성장의 발판이다.

➡️ '우리는 넘어지지 않는다'와 '(우리는) 일어서는 법도 배울 수
없다'가 종속적으로 이어진문장이에요.

✏️ _____

_____

😊 이어진 문장은 앞 문장과 뒤 문장의 의미 관계에 따라서 대등하게 이어진문장과 종속적으로 이어진문장으로 나뉘
어요. 자신의 생각을 효과적으로 정확하게 전달하려면 문장을 의미 관계에 맞게 올바른 짜임으로 구성할 수 있어
야 해요.

홑문장과 겹문장

문장에서 '주어 + 서술어'의 관계가 한 번만 나타나는 문장을 홑문장, 두 번 이상 나타나는 문장을 겹문장이라고 한다.

예) | 봄이 와서 | 개나리가 피었다. | ➡ 이어진 문장(겹문장)
주어 + 서술어   주어 + 서술어

대등하게 이어진 문장

對 상대 대, 等 같을 등
상대가 같은 관계로 이어진 문장

둘 이상의 홑문장이 연결 어미 '-고', '-(으)며', '-지만', '-(으)나' 등을 사용하여 대등한 의미 관계로 이어진 문장을 대등하게 이어진문장이라고 한다.

예) | 나는 사과를 좋아하고, | 동생은 귤을 좋아한다. |
나열의 뜻을 가진 연결 어미

예) | 나는 사과를 좋아하지만, | 동생은 귤을 좋아한다. |
대조의 뜻을 가진 연결 어미

특징 앞뒤 문장의 순서를 바꾸어도 의미가 달라지지 않는다.

예) 여름은 덥고 겨울은 춥다. = 겨울은 춥고 여름은 덥다.

개념 확인   1 둘 이상의 홑문장이 대등한 의미 관계로 이어진 문장을 [대등하게][종속적으로] 이어진문장이라고 한다.

종속적으로 이어진 문장

從 좇을 종, 屬 무리 속,
的 과녁 적
딸려 붙는 관계로 이어진 문장

둘 이상의 홑문장이 연결 어미 '-아서/-어서', '-(으)니', '-(으)면', '-ㄴ데', '-(으)려고' 등을 사용하여 앞 문장에 뒤 문장이 딸려 붙는 의미 관계로 이어진 문장을 종속적으로 이어진문장이라고 한다.

예) | 비가 내려서 | 나는 우산을 썼다. |
원인의 뜻을 가진 연결 어미

예) | 비가 오면 | 운동장이 젖는다. |
조건의 뜻을 가진 연결 어미

특징 앞뒤 문장의 순서를 바꾸면 의미가 통하지 않거나 달라진다.

예) 날씨가 더워서 선풍기를 틀었다. ➡ 선풍기를 틀어서 날씨가 덥다. (X)

개념 확인   2 종속적으로 이어진문장은 앞뒤 문장의 순서를 바꾸어도 의미가 달라지지 않는다. [○][X]

문법 개념 익히기

[1~3] 다음 두 문장을 주어진 연결 어미를 사용하여 이어진 문장으로 고쳐 쓰세요.

1 단것을 많이 먹었다. (연결 어미 '-어서') 이가 썩었다.

⇨ 단것을 많이 _____ 이가 썩었다.

2 체육 시간이 되었다. (연결 어미 '-면') 날아다니는 친구가 있다.

⇨ 체육 시간이 _____ 날아다니는 친구가 있다.

3 한결이는 풍경 사진을 좋아한다. (연결 어미 '-고') 하윤이는 인물 사진을 좋아한다.

⇨ 한결이는 풍경 사진을 _____ 하윤이는 인물 사진을 좋아한다.

[4~5] 다음 (1) 이어진 문장의 앞뒤 순서를 바꾸어 쓰고, (2) 이어진 문장의 종류에 ○표 하세요.

4
> 나는 기분이 좋았지만 동생은 기분이 좋지 않았다.

(1) _____

(2) 대등하게 　 종속적으로 　 이어진문장

5
> 눈이 쌓이지 않으면 눈사람을 만들 수 없다.

(1) _____

(2) 대등하게 　 종속적으로 　 이어진문장

[1~3] 다음 글을 읽고, 짧은 문장을 써 보세요.

> 우리 뱃속의 장(腸)에는 수없이 많은 미생물이 살고 있다. ㉠이들은 눈으로는 볼 수 없는 아주 작은 생물이다. 이들은 우리 몸에서 여러 가지 중요한 역할을 한다.
>
> 먼저, 음식물 소화에 도움을 준다. 장내 미생물은 우리가 소화하기 어려운 섬유질을 분해해서 몸에 좋은 물질을 만들어 내는데, 이 물질은 장 건강을 지키고 에너지를 공급하는 역할을 한다. 또한 면역력을 높이는 데 도움이 된다. 장내 미생물은 나쁜 세균이 우리 몸에 들어오는 것을 막아 주고, 면역 세포를 도와서 각종 질병으로부터 몸을 보호해 준다. 특히 장내 미생물은 정신 건강과도 밀접한 관련이 있는데, 행복함을 느끼게 하는 세로토닌 같은 호르몬을 만들어 내어 스트레스 해소에 도움을 준다.
>
> 이처럼 우리 건강에 중요한 역할을 하는 ㉡장내 미생물이 잘 살게 하려면 장내 환경을 좋게 만들어야 한다. 따라서 몸에 좋은 음식을 잘 챙겨 먹고 규칙적으로 생활해야 건강한 장내 미생물 균형을 유지할 수 있다.

1 ㉠의 두 문장을 연결 어미를 사용하여 이어진 문장으로 만들려고 합니다. 문맥에 알맞은 연결 어미를 **보기**에서 찾아 빈칸에 쓰세요.

> **보기** -이지만
>   -이어서
>   -이려고

⇨ 이들은 눈으로는 볼 수 없는 아주 작은 생물_____

우리 몸에서 여러 가지 중요한 역할을 한다.

2 ㉡은 종속적으로 이어진 문장입니다. 다음과 같이 두 문장으로 나누어 써 보세요.

(1) 앞 문장 ⇨

(2) 뒤 문장 ⇨

3 장내 미생물처럼 우리 눈에 보이지는 않지만 없어서는 안 될 중요한 존재를 찾아보고, 이어진 문장을 넣어 그렇게 생각하는 까닭과 함께 써 보세요.

⇨

12 명사절을 가진 안은문장 알기

겨우내 꽁꽁 언 땅을 뚫고 싹이 돋아남이 놀랍다. 연약한 생명 어디에서 저런 강인함이 나오는 것일까?

⇨ '싹이 돋아남'이라는 명사절이 주어의 역할을 하고 있어요.

✏️ _____

_____

생명을 소중히 여기는 우리의 작은 노력이 보태져 다시 지구가 건강해지기를 간절히 바란다.

⇨ '지구가 건강해지기'라는 명사절이 목적어의 역할을 하고 있어요.

✏️ _____

_____

😊 앞서 명사가 문장에서 주어, 목적어, 보어 등의 역할을 한다는 것을 배웠어요. 주어와 서술어를 가진 명사절도 문장에서 명사와 마찬가지로 주어, 목적어, 보어 등의 역할을 해요.

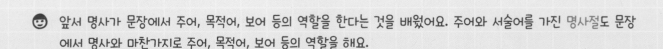

안은문장 안긴문장

다른 문장 안에 들어가 하나의 문장 성분처럼 쓰이는 문장을 안긴문장이라고 하고, 안긴문장을 포함하는 문장을 안은문장이라고 한다.

명사절을 가진 안은문장

名 이름 명, 詞 말씀 사,
節 마디 절
명사 구실을 하는 마디

명사절은 명사형 어미 '-(으)ㅁ', '-기'를 결합하여 만들며, 문장 안에서 주어, 목적어, 보어, 부사어 등의 역할을 한다.

• 문장 안에서 명사절이 주어의 역할을 하는 경우

| 주어 | 서술어 |

예 우리가 옳았음이 / 밝혀졌다.

주어 역할을 하는 안긴문장

• 문장 안에서 명사절이 목적어의 역할을 하는 경우

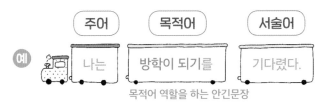

| 주어 | 목적어 | 서술어 |

예 나는 / 방학이 되기를 / 기다렸다.

목적어 역할을 하는 안긴문장

• 문장 안에서 명사절이 보어의 역할을 하는 경우

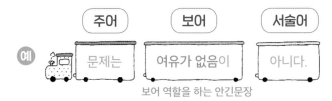

| 주어 | 보어 | 서술어 |

예 문제는 / 여유가 없음이 / 아니다.

보어 역할을 하는 안긴문장

• 문장 안에서 명사절이 부사어의 역할을 하는 경우

| 주어 | 부사어 | 서술어 |

예 우리는 / 나무를 심기로 / 결정했다.

부사어 역할을 하는 안긴문장

개념 확인

1 명사절은 명사형 어미 '-(으)ㅁ', '-기'를 결합하여 만든다. (○ | ×)

2 명사절은 문장 안에서 ( ), 목적어, 보어, 부사어 등의 역할을 한다.

[1~3] 다음에서 명사절로 안긴문장을 찾아 밑줄을 그어 보세요.

1 지유는 관심이 멀어졌음이 분명하다.

2 나는 공원에서 친구가 오기를 기다렸다.

3 감정 로봇은 눈썹만 움직여 표정이 몹시 화남이 되었다.

[4~5] 다음을 보기와 같이 안은문장과 안긴문장으로 나누어 써 보세요.

> **보기** 선생님은 너희가 노력했음을 알고 있어.
> (1) 안은문장 ⇨ 선생님은 알고 있어.
> (2) 안긴문장 ⇨ 너희가 노력했다.

4 우리는 눈이 펑펑 내리기를 바랐다.

(1) 안은문장 ⇨

(2) 안긴문장 ⇨

5 달리기는 내가 일 등임이 확실하다.

(1) 안은문장 ⇨

(2) 안긴문장 ⇨

[1~3] 다음 글을 읽고, 짧은 문장을 써 보세요.

광고는 소비자의 관심을 끌고 구매 행동을 유도하기 위해 다양한 설득 전략을 사용한다.

먼저 감정에 호소하는 전략이다. 예를 들어, 한 가족이 제품을 사용하면서 겪는 따뜻하고 감동적인 에피소드를 담은 광고는 보는 사람들의 감정을 자극해 마음을 움직이고 제품에 대한 호감도를 높인다. 다음으로 유명인이나 전문가를 활용하는 전략이다. 소비자가 좋아하는 연예인이나 전문가를 광고에 등장시킴으로써 제품에 대한 호감도와 신뢰도를 높일 수 있다. 예를 들어, 운동선수가 운동화 광고에 나와서 "이 신발을 신으면 더 빠르게 뛸 수 있어요."라고 말하면, ㉠광고를 본 사람들은 그 신발을 사기를 원한다. 마지막으로 친근감을 느낄 만한 일상적 인물과 사물을 등장시켜 소비자와의 연관성을 느끼게 하는 전략이다. 예를 들어, 주부가 직접 제품을 사용하고 만족하는 모습을 보여 주는 광고는 비슷한 상황에 있는 소비자들의 공감을 이끌어 내어 큰 호응을 얻을 수 있다.

이와 같이 광고의 다양한 전략들은 소비자의 감정과 경험에 호소하여 제품에 대한 긍정적인 인식을 형성하게 한다. 그리고 ㉡이것이 해당 제품의 구매로까지 이어지게 하는 데 [   ]을 알 수 있다.

1 ㉠에서 명사절로 안긴문장을 찾아 쓰세요.

⇨ _____

2 ㉡의 빈칸에 들어갈 다음 문장을 명사절로 알맞게 고쳐 문장을 완성하여 쓰세요.

중요한 역할을 하다.

⇨ 이것이 해당 제품의 구매로까지 이어지게 하는 데

_____ 을 알 수 있다.

3 이 글에 나타난 광고의 다양한 설득 전략 중 나는 어떤 설득 전략에 가장 마음이 움직이는지 명사절을 가진 안은문장을 넣어 써 보세요.

⇨ _____

_____

13 관형절을 가진 안은문장 알기

나는 실패하고 또 실패했다. 그것이 내가 성공한 이유일 것이다.

➡ '그것이 이유일 것이다.'가 안은문장이고, '내가 성공하다.'가 안긴문장이에요.

_____

_____

바다?

자신의 좁은 틀 안에 갇힌 우물 안 개구리는 바다가 얼마나 넓은지 모른다.

➡ '(우물 안 개구리는) 자신의 좁은 틀 안에 갇히다.'가 안긴문장이에요.

_____

_____

😊 관형사는 문장에서 체언을 꾸며 주는 역할을 한다는 것을 배웠지요? 주어와 서술어를 가진 관형절 역시 문장에서 체언을 꾸며 주는 역할을 해요. 관형절을 알맞게 쓰면 문장에서 '어떤'에 해당하는 의미가 좀 더 명확하고 풍부해져요.

관형절을 가진 안은문장

冠 갓 관, 形 형상 형,
節 마디 절
관형어 구실을 하는 마디

관형절은 관형사형 어미 '-(으)ㄴ', '-는', '-(으)ㄹ', '-던'을 결합하여 만든다. 문장 안에서 체언을 꾸며 주는 관형어 역할을 한다.

예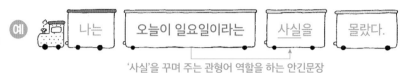

나는 | 오늘이 일요일이라는 | 사실을 | 몰랐다.

'사실'을 꾸며 주는 관형어 역할을 하는 안긴문장

➡ '나는 사실을 몰랐다.'가 안은문장이고, '오늘이 일요일이다.'가 안긴문장이다.

예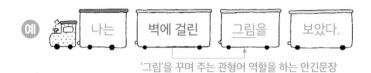

나는 | 벽에 걸린 | 그림을 | 보았다.

'그림'을 꾸며 주는 관형어 역할을 하는 안긴문장

➡ '나는 그림을 보았다.'가 안은문장이고, '(그림이) 벽에 걸렸다.'가 안긴문장인데, 안은문장의 목적어와 안긴문장의 주어가 겹쳐 안긴문장의 주어가 생략되었다.

예

이모가 키우는 | 나무가 | 멋있다.

'나무'를 꾸며 주는 관형어 역할을 하는 안긴문장

➡ '나무가 멋있다.'가 안은문장이고, '이모가 (나무를) 키운다.'가 안긴문장인데, 안은문장의 주어와 안긴문장의 목적어가 겹쳐 안긴문장의 목적어가 생략되었다.

특징 관형사형 어미는 문장을 관형절로 만들어 주는 동시에 시간적 의미를 나타내기도 한다.

예 이것은 ⟨ 내가 먹은 ⟩ 빵이다. ➡ 과거

이것은 ⟨ 내가 먹는 ⟩ 빵이다. ➡ 현재

이것은 ⟨ 내가 먹을 ⟩ 빵이다. ➡ 미래

이것은 ⟨ 내가 먹던 ⟩ 빵이다. ➡ 과거

개념 확인

1 관형절은 관형사형 어미 '-(으)ㄴ', '-는', '-(으)ㄹ', '-던'을 결합하여 만든다. ⟨ ○ ⟩ ⟨ X ⟩

2 관형절은 문장 안에서 체언을 꾸며 주는 ⟨ 주어 ⟩ ⟨ 관형어 ⟩ 역할을 한다.

[1~3] 다음에서 안긴문장을 찾아 밑줄을 긋고, 이 문장이 꾸며 주는 말에 ○표 하세요.

1 할머니께서 내일 오신다는 소식을 들었다.

2 나는 아빠가 해 주신 김치볶음밥을 좋아한다.

3 내가 제일 좋아하는 가수가 다음 주에 콘서트를 연다.

4 다음 빈칸에 알맞은 말을 **보기**에서 찾아 관형절을 가진 안은문장을 완성하여 쓰세요.

보기	읽는	읽은	읽을

(1) 이것은 어제 내가 _____ 책이다.

(2) 이것은 내일 내가 _____ 책이다.

(3) 이것은 지금 내가 _____ 책이다.

5 다음 두 문장을 연결하여 관형절을 가진 안은문장을 만들려고 합니다. 빈칸에 알맞은 내용을 쓰세요.

• 나는 신발을 신었다.	• 민수가 신발을 선물해 주었다.

⇨ 나는 _____ 신발을 신었다.

[1~3] 다음 글을 읽고, 문장을 완성하여 써 보세요.

쇼트 폼(short form)이 최근 몇 년 사이 큰 인기를 끌고 있다. 쇼트 폼은 10초에서 1분 내외로 짧게 편집해 올린 동영상을 말하는데, 짧은 시간 안에 빠르게 재미와 정보를 전달하여 부담 없이 즐길 수 있다. 그런데 이러한 ㉠쇼트 폼의 과도한 소비는 중독으로 이어질 수 있다는 문제점을 가지고 있다.

쇼트 폼은 간단한 손가락 조작으로 계속해서 다른 내용의 영상을 볼 수 있고, ㉡알고리즘이 사용자의 취향을 분석해 끊임없이 [   ] 영상을 추천한다. 그래서 원래 계획보다 훨씬 많은 시간을 소비하게 된다. 잠시만 보려던 것을 시간 가는 줄 모르고 보다가 다음 날 해야 할 일에 지장을 주기도 한다. 결국 일상생활에서 집중력이 떨어지고 시간 관리도 실패하게 된다.

쇼트 폼을 볼 때에 우리 뇌는 그 전체를 사용하는 것이 아니라 일부만 시각 정보에 반응하면서 기계적으로 정보를 수용한다. 또한 쇼트 폼은 짧은 시간 동안 강한 자극을 제공하기 때문에 우리 뇌는 끊임없이 새로운 자극을 찾는다. 이 때문에 쇼트 폼을 습관적으로 보면 주의가 산만해지고, 뇌 발달에 악영향을 끼칠 수 있다. 심하면 긴 글이나 영상에 집중하기 어려워지고, 깊이 있는 사고 능력이 떨어지는 문제가 발생한다.

1 ㉠에서 관형절로 안긴문장을 찾아 쓰세요.

⇨ _____

2 다음 문장을 ㉡의 빈칸에 들어가기에 알맞은 관형절로 고쳐 문장을 완성하여 쓰세요.

> 사용자가 보고 싶어 하다.

⇨ 알고리즘이 사용자의 취향을 분석해 끊임없이 _____

_____ 영상을 추천한다.

3 우리가 쇼트 폼에 중독되지 않기 위해 실천할 수 있는 일을 떠올려 다음 관형절을 가진 안은문장을 완성해 보세요.

⇨ _____ 습관을 기르는 것이 중요하다.

14 부사절을 가진 안은문장 알기

나는 숨이 차도록 달렸다. 다 사라지고 나만 남았다. 가끔은 내 안의 소리에 귀 기울이는 시간이 필요하다.

➡ '나는 달렸다.'가 안은문장이고, '숨이 차다.'가 안긴문장이에요.

✎

로봇은 감정이 없이 대답한다. 마음에 상처가 늘어날수록 감정을 걷어 내며 나도 점점 로봇을 닮아 간다.

➡ '로봇은 대답한다.'가 안은문장이고, '감정이 없다.'가 안긴문장이에요.

✎

😊 부사는 문장에서 용언을 꾸며 주는 역할을 한다는 것을 알고 있지요? 주어와 서술어를 가진 부사절 역시 문장에서 용언을 꾸며 주는 역할을 해요. 문장에서 부사절을 알맞게 쓰면 '어떻게'에 해당하는 대상의 움직임이나 상태를 더 자세히 설명할 수 있어요.

부사절을 가진 안은문장

副 버금 부, 詞 말씀 사,
節 마디 절
부사어 구실을 하는 마디

부사절은 부사형 어미 '-게', '-도록', '-이', '-듯이' 등을 결합하여 만든다. 문장 안에서 용언을 꾸며 주는 부사어 역할을 한다.

(예)

| 우리는 | 체육 시간을 | 눈이 빠지게 | 기다렸다. |

'기다렸다'를 꾸며 주는 부사어 역할을 하는 안긴문장

➡ '우리는 체육 시간을 기다렸다.'가 안은문장이고, '눈이 빠지다.'가 안긴문장이다.

(예)
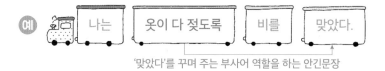

| 나는 | 옷이 다 젖도록 | 비를 | 맞았다. |

'맞았다'를 꾸며 주는 부사어 역할을 하는 안긴문장

➡ '나는 비를 맞았다.'가 안은문장이고, '옷이 다 젖다.'가 안긴문장이다.

(예)

| 이 시계는 | 소리가 없이 | 움직인다. |

'움직인다'를 꾸며 주는 부사어 역할을 하는 안긴문장

➡ '이 시계는 움직인다.'가 안은문장이고, '소리가 없다.'가 안긴문장이다.

(예)

| 동생은 | 과자를 | 밥을 먹듯이 | 먹는다. |

'먹는다'를 꾸며 주는 부사어 역할을 하는 안긴문장

➡ '동생은 과자를 먹는다.'가 안은문장이고, '밥을 먹다.'가 안긴문장이다.

개념 확인

1 부사절은 '-게', '-도록', '-이', '-듯이' 등을 결합하여 만든다. ◯ ✕

2 부사절은 문장 안에서 용언 / 체언 을 꾸며 주는 부사어 역할을 한다.

[1~3] 다음에서 안긴문장을 찾아 밑줄을 긋고, 이 문장이 꾸며 주는 말에 ○표 하세요.

1 나는 목이 아프게 기침을 했다.

2 심각했던 고민이 이유가 없이 사라졌다.

3 나와 수찬이는 밤이 새도록 이야기를 나누었다.

4 다음 두 문장을 연결하여 부사절을 가진 안은문장을 완성하여 쓰세요.

> • 우리는 집을 나섰다.   • 아무런 계획이 없다.

⇨ 우리는 아무런 _____ 나섰다.

[5~6] 다음 문장을 부사형 어미를 결합한 부사절로 바꾸어 빈칸에 알맞게 써넣으세요.

5 약수터의 물이 _____ 차가웠다.

> 이가 시리다. + -도록

6 잔잔하던 물살이 _____ 거칠어졌다.

> 파도가 치다. + -듯이

[1~3] 다음 글을 읽고, 짧은 문장을 써 보세요.

자율 주행 자동차는 사람이 직접 운전하지 않아도 스스로 달리는 자동차이다. 자율 주행 자동차는 인공 지능(AI), 센서 기술, 빅 데이터 분석 등을 활용하여 ㉠운전자의 개입이 [   ] 스스로 달릴 수 있다.

자율 주행 기술은 레벨 0부터 레벨 5까지로 구분된다. 레벨 0은 사람이 직접 운전하는 단계이고, 레벨 2는 자동차가 속도를 조절하고 차선을 유지하지만 사람이 계속 지켜봐야 하는 단계이다. 레벨 5는 운전자의 개입이 없이 자동차가 모든 상황을 스스로 판단하며 운전하는 단계이다. ㉡현재 여러 기업이 [   ] 연구를 계속하고 있다.

자율 주행 자동차가 본격적으로 도입되면 사람들이 더욱 안전하게 이동할 수 있고, 장애인과 노약자의 이동이 자유로워질 것이다. 또한 대중교통과 물류 시스템에 적용되어 효율적인 교통 체계를 구축할 수 있을 것이다. 하지만 기술적 완성도, 법적 규제 마련과 사고 발생 시 책임 소재 문제, 해킹 위험 등 해결해야 할 과제도 많다. 자율 주행 자동차가 완전히 자리 잡기까지는 시간이 필요하겠지만, 머지않아 우리는 자율 주행 자동차가 우리 삶의 한 부분이 된 세상을 맞이하게 될 것이다.

1 ㉠은 뒤에 오는 '스스로 달릴 수 있다'를 꾸며 주는 역할을 하는 부사절입니다. ㉠의 빈칸에 들어갈 알맞은 말을 이 글에서 찾아 쓰세요.

⇨ 운전자의 개입이 _____

2 다음 문장에 '-도록'을 결합하여 ㉡의 빈칸에 들어가기에 알맞은 부사절로 고쳐 쓰세요.

> 완전한 자율 주행이 가능하다.

⇨ 현재 여러 기업이 _____ 연구를 계속하고 있다.

3 자율 주행 자동차가 널리 퍼진 미래 사회의 모습을 상상해 보고, 우리 삶에 어떤 변화가 있을지 부사절을 가진 안은문장을 넣어 써 보세요.

⇨ _____

_____

15 서술절, 인용절을 가진 안은문장 알기

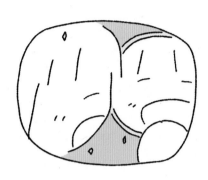

나는 내가 좋다. 세상에서 더 나은 사람이 되기 위해 노력하는 내가 좋다.

➡️ '내가 좋다'는 '나'는 어떠한지 설명하는 서술어 역할을 하는 안긴문장이에요.

✏️

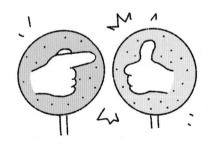

우리는 "너 때문이야."라고 말하는 사람보다 "네 덕분이야."라고 말하는 사람을 좋아한다.

➡️ 큰따옴표(" ")를 사용하여 다른 사람의 말을 직접 인용한 안긴문장이에요.

✏️

😊 서술절은 문장에서 서술어와 마찬가지로 주어의 동작, 상태, 성질 등을 설명하는 서술어 역할을 해요. 그리고 문장에 직접 인용 표현을 쓰면 직접 말을 전하는 듯한 생생한 느낌이 들고, 간접 인용 표현을 쓰면 간결하고 매끄러운 느낌이 들어요.

서술절을 가진 안은문장

敍 줄 서, 述 지을 술,
節 마디 절
서술어 구실을 하는 마디

서술절은 서술절임을 나타내는 절 표지가 따로 없다. 문장 안에서 절 전체가 서술어 역할을 한다.

> '구름'이 어떠한지 설명하는 서술어 역할을 하는 안긴문장

➡ 서술절을 가진 안은문장은 주어가 두 개 있는 것처럼 보이는데, '구름은'이 문장 전체의 주어이고, '모양이'가 안긴문장의 주어이다.

개념 확인

1 서술절은 '-게', '-도록', '-이' 등을 결합하여 만든다. ○ ✕

인용절을 가진 안은문장

引 끌 인, 用 쓸 용,
節 마디 절
남의 말이나 글에서 따온 마디

다른 사람의 말이나 글을 끌어다 쓰는 것을 인용이라고 한다. 인용절은 조사 '고', '라고'를 결합하여 만든다.

종류 1 다른 사람의 말이나 글을 원래의 형식과 내용은 그대로 유지한 채, 인용 부호인 큰따옴표(" ")를 붙여 끌어다 쓰는 것을 직접 인용 표현이라고 한다. '라고'를 사용하여 안긴문장으로 만든다.

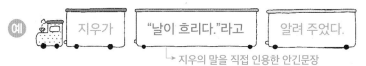

> 지우의 말을 직접 인용한 안긴문장

➡ '지우가 알려 주었다.'가 안은문장이고, '날이 흐리다.'라는 내용을 인용하였다.

종류 2 다른 사람의 말이나 글의 내용만 끌어다 쓰는 것을 간접 인용 표현이라고 한다. '고'를 사용하여 안긴문장으로 만든다.

> 지우의 말을 간접 인용한 안긴문장

➡ '지우가 알려 주었다.'가 안은문장이고, '날이 흐리다.'라는 내용을 인용하였다.

개념 확인

2 다른 사람의 말이나 글의 내용만 끌어다 쓰는 것을 간접 직접 인용 표현이라고 하며, '고'를 사용하여 안긴문장으로 만든다.

[1~4] 다음에서 서술절이나 인용절로 안긴문장을 찾아 밑줄을 그으세요.

1 기린은 목이 길다.

2 나연이는 배려심이 많다.

3 동생은 자기 말이 맞다고 우겼다.

4 동생은 "내 말이 맞아."라고 우겼다.

5 보기와 같이 빈칸에 주어와 서술어로 된 서술절을 넣어, 서술절을 가진 안은문장을 완성하세요.

> 보기   토끼는 <u>앞발이 짧다</u>.

▷ 내 짝꿍은 _____

6 다음 인용절을 가진 안은문장에 나타난 직접 인용 표현을 간접 인용 표현으로 바꾸어 쓰세요.

> 친구가 나에게 "도전하는 모습이 멋있다."라고 말했다.

▷ 친구가 나에게 _____

[1~3] 다음 글을 읽고, 짧은 문장을 써 보세요.

> 잠은 인간이 신체 건강, 학습 능력, 정신 건강을 유지하는 데 필수적인 요소이다. 수면은 단순한 휴식이 아니다. 몸과 뇌가 스스로를 회복하고 최적의 상태를 유지하도록 돕는 중요한 과정이다.
>
> ㉠건강은 잠이 중요하다. 잠을 자는 동안 신체는 세포를 재생하고 근육을 회복시키며, 면역 시스템을 활성화하여 질병에 대한 저항력을 높인다. 그래서 잠이 부족하면 면역력이 떨어져 감기나 기타 질병에 쉽게 걸릴 수 있다.
>
> 또한 잠은 기억력과 학습 능력에도 큰 영향을 미친다. 과학자들의 연구에 따르면, 수면은 뇌의 해마와 대뇌 피질 간의 정보 전달을 돕는다. 즉, 잠을 자는 동안 뇌는 낮 동안 받아들인 정보를 정리하고 장기 기억으로 저장하며, 필요 없는 기억을 정리하는 과정도 거친다. 충분한 수면을 취하면 집중력이 향상되고 창의력이 높아지는 반면, 수면이 부족하면 기억력이 저하되고 사고력이 감소한다.
>
> 정신 건강에도 잠은 필수적이다. ㉡전문가는 수면 부족이 스트레스 호르몬의 분비를 증가시켜 불안과 우울감을 유발할 수 있다고 경고한다. 또한 잠이 부족하면 뇌에서 감정을 조절하는 부분이 제대로 작동하지 않아 기분이 불안정해질 수 있다고 강조한다.
>
> 따라서 건강한 삶을 위해서는 규칙적으로 충분한 수면을 취해야 한다.

1 ㉠은 서술절을 가진 안은문장입니다. 문장에서 서술절을 찾아 밑줄을 그으세요.

> 건강은 잠이 중요하다.

2 ㉡은 인용절을 가진 안은문장입니다. 문장에 나타난 간접 인용 표현을 직접 인용 표현으로 바꾸어 문장을 완성하세요.

⇨ 전문가는 "수면 부족이 스트레스 호르몬의 분비를 증가시켜 불안과 우울감을 유발

할 수 _____.

3 잠에 대한 자기의 생각을 인용절을 가진 안은문장을 넣어 써 보세요.

⇨ _____

_____

4 장

발음과 표기

우리말은 발음을 좀 더 쉽게 하기 위해 표기와 다르게 발음하는 경우가 많은데,
이를 음운 변동이라고 해요. 음운 변동의 원리와 규칙을 이해하면 우리말을
정확하게 발음하고 바르게 표기하는 데에 도움이 된답니다.

16 음운 변동, 음절의 끝소리 규칙 알기

✏️ **필사**하며 익히기

내면의 강인함을 깨워 보자. 빛과 마주하기
위해서는 스스로 눈밭 속을 헤쳐 나와야 한다.

⇨ '빛'의 받침 'ㅊ', '밭'의 받침 'ㅌ'은 [ㄷ]으로 소리 나요.

_____

_____

동녘 하늘에 해가 솟는다. 새로운 아침에는
점점 나아지는 나를 보고 싶다.

⇨ '녘'의 받침 'ㅋ'은 [ㄱ]으로, '싶'의 받침 'ㅍ'은 [ㅂ]으로 소리 나요.

_____

_____

😊 우리말은 발음을 좀 더 편하고 자연스럽게 하기 위해 쓰는 것과 다르게 발음하는 경우가 있는데 이것을 음운 변동이
라고 해요. 그리고 우리말 받침은 일곱 가지 중 하나로 발음되는데 이것은 음절의 끝소리 규칙이라고 해요.

음운

音 소리 음, 韻 운 운
소리의 가장 작은 단위

말의 뜻을 구별해 주는 가장 작은 소리의 단위를 음운이라고 한다.

> 예 '굴'의 음운은 'ㄱ, ㅜ, ㄹ'이고, '불'의 음운은 'ㅂ, ㅜ, ㄹ'이다. ➡ 'ㄱ'과 'ㅂ' 때문에 다른 뜻이 된다.

> 특징 소리의 길이도 말의 뜻을 구별해 주는 음운이다. 예 사람의 [눈] / 하늘에서 내리는 [눈:]

음절

音 소리 음, 節 마디 절
말소리의 단위

한 번에 낼 수 있는 소리의 단위를 음절이라고 한다.

> 예 '가방'은 '가'와 '방'으로 나누어 발음하므로 2음절이고, '아', '이'와 같이 모음은 혼자서도 음절이 된다.

개념 확인 **1** 한 번에 낼 수 있는 소리의 단위를 [음운 / 음절] 이라고 한다.

음운 변동

音 소리 음, 韻 운 운,
變 변할 변,
動 움직일 동
소리의 가장 작은 단위
가 바뀌는 현상

음운이 놓이는 환경에 따라 다른 음운으로 바뀌어 소리 나는 현상을 음운 변동이라고 한다.

종류	뜻	
교체	한 음운이 다른 음운으로 바뀌는 현상	부엌[부억] ➡ 'ㅋ'이 [ㄱ]으로 교체됨.
탈락	있던 음운이 없어지는 현상	좋아[조아] ➡ 'ㅎ'이 없어짐.
첨가	없던 음운이 새로 생기는 현상	솜이불[솜니불] ➡ [ㄴ]이 새로 생김.
축약	두 음운이 합쳐져 하나의 새로운 음운으로 바뀌는 현상	먹히다[머키다] ➡ 'ㄱ'과 'ㅎ'이 합쳐져 [ㅋ]이 됨.

개념 확인 **2** 우리말은 표기와 발음이 일치한다. [○ / X]

음절의 끝소리 규칙

음절의 끝소리인 받침에는 자음 19개를 모두 쓸 수 있지만, 발음은 7개로만 된다. 음절의 끝소리가 [ㄱ, ㄴ, ㄷ, ㄹ, ㅁ, ㅂ, ㅇ] 중 하나로 바뀌어 소리 나는 현상을 음절의 끝소리 규칙이라고 한다.

받침	음절의 끝소리 발음	받침	음절의 끝소리 발음
ㄱ, ㄲ, ㅋ	[ㄱ]	ㄹ	[ㄹ]
ㄴ	[ㄴ]	ㅁ	[ㅁ]
ㄷ, ㅌ, ㅅ, ㅆ, ㅈ, ㅊ	[ㄷ]	ㅂ, ㅍ	[ㅂ]
ㅎ		ㅇ	[ㅇ]

개념 확인 **3** 음절의 끝에서 소리 나는 자음은 [[ ], ㄴ, [ ], ㄹ, ㅁ, [ ], ㅇ]뿐이다.

1 보기를 보고, 물음에 답하세요.

보기	겁	낫	낯	복

(1) 음운 'ㅏ'가 쓰인 단어를 찾아 쓰세요. (   ), (   )

(2) 음운 'ㅂ'이 쓰인 단어를 찾아 쓰세요. (   ), (   )

2 다음 단어를 음운과 음절로 나누어 쓰세요.

나무   (1) 음운: (   )   (2) 음절: (   )

3 다음 단어의 음운을 각각 써 보고, 말의 뜻이 서로 달라지게 한 음운을 찾아 쓰세요.

	곰	솜
음운	(1)	(2)
말의 뜻이 달라지게 한 음운	(3)	(4)

4 밑줄 친 글자 중 음절의 끝소리가 [ㅂ]으로 발음되는 것에 O표 하세요.

아침 숲처럼 싱그러운 피아노 소리가 듣기 좋다.

5 밑줄 친 단어를 소리 나는 대로 쓰세요.

부엌도 엉망으로 어질러 놓은 고양이를 찾으러 동구 밖까지 나갔다.

(1) 부엌 [   ]   (2) 밖 [   ]

[1~3] 다음 글을 읽고, 받침에 주의하여 짧은 문장을 써 보세요.

언어는 말과 글로 자신의 생각을 표현하는 도구일 뿐만 아니라, 우리의 사고방식과도 깊은 관련이 있다.

아메리카 원주민 부족인 호피족의 언어에는 과거, 현재, 미래를 구분하는 표현이 없다. 그래서 이들은 '모든 일이 한꺼번에 ㉠존재하는 것'처럼 생각한다. 반면, 한국어나 영어에서는 시간상의 ㉡앞뒤 관계를 따져 과거, 현재, 미래를 뚜렷이 구분하기 때문에 시간을 직선적인 흐름으로 받아들인다.

또한, 아메리칸 인디언어의 하나인 나바호어에는 명확한 소유 개념이 존재하지 않는다. 예를 들어, 영어에는 "This is my house.(이것은 내 집이다.)"라는 표현이 있지만, 나바호어에는 이런 식의 표현이 없다. 대신 '내가 머무르는 ㉢곳'처럼 관계성을 강조하는 표현을 사용한다. 이는 개인적 소유보다는 공동체적 가치관을 더 중요하게 여기는 나바호족의 사고방식이 반영된 것이다.

이처럼 언어는 우리가 세상을 어떻게 인식하고 이해하는지에 영향을 준다. 따라서 우리가 사용하는 언어를 통해 우리의 사고방식과 문화적 배경을 이해할 수 있으며, 더 나아가 다양한 문화를 이해하고 존중하는 태도를 기를 수 있다.

1 ㉠을 음운과 음절로 나누어 쓰고, 각 음절에 공통으로 들어 있는 음운을 찾아 쓰세요.

(1) 음운: (   )   (2) 음절: (   )

(3) 각 음절에 공통으로 들어 있는 음운: (   )

2 ㉡, ㉢을 소리 내어 읽어 보고, 빈칸에 알맞은 자음을 써넣으세요.

(1) ㉡'앞뒤[압뛰]' ⇨ '앞'의 받침 '　'이 [　]으로 바뀌어 발음된다.

(2) ㉢'곳[곧]' ⇨ '곳'의 받침 '　'이 [　]으로 바뀌어 발음된다.

3 나바호어를 사용하는 친구가 이해할 수 있도록 '곳'이라는 단어를 넣어 우리 집을 소개하여 써 보세요.

⇨ _____

_____

17 비음화, 유음화 알기

✏ **필사**하며 익히기

사공이 많으면 배가 산으로 간다는 우리 속담의 상황을, 영국에서는 요리사가 많으면 국물을 망친다고 표현한다.

➡ '국물'은 받침 'ㄱ'이 'ㅁ' 앞에서 [ㅇ]으로 바뀌어 [궁물]로 소리 나요.

신라의 천 년 숨결, 돌 하나에도 역사가 깃들고 발걸음마다 이야기가 흐른다.

➡ '신라'는 받침 'ㄴ'이 'ㄹ' 앞에서 [ㄹ]로 바뀌어 [실라]로 소리 나요.

😊 '국물'을 [국물]이라고 발음하려면 '국'의 받침 'ㄱ'에 힘을 주어야 해서 [궁물]이라고 발음하는 게 편해요. '신라'는 [신라]라고 하는 것보다 [실라]라고 발음하는 것이 자연스럽지요. 두 가지 현상 모두 하나의 자음이 비슷하거나 같은 자음으로 바뀌어 소리 난 것이에요.

비음화

鼻 코 비, 音 소리 음,
化 될 화
콧소리되기

비음은 공기가 코로 나가게 하면서 내는 소리로, [ㅇ, ㄴ, ㅁ]이 있다. 받침 'ㄱ, ㄷ, ㅂ'이 뒤에 오는 첫소리 'ㄴ, ㅁ'의 영향을 받아 비음 [ㅇ, ㄴ, ㅁ]으로 바뀌어 소리 나는 현상을 비음화라고 한다.

받침 'ㄱ, ㄷ, ㅂ' + 첫소리 'ㄴ, ㅁ' → [ㅇ, ㄴ, ㅁ]

예

국물[궁물]	⇨	받침 'ㄱ'이 뒤에 오는 첫소리 'ㅁ'의 영향을 받아 비음 [ㅇ]으로 발음된다.
닫는[단는]	⇨	받침 'ㄷ'이 뒤에 오는 첫소리 'ㄴ'의 영향을 받아 비음 [ㄴ]으로 발음된다.
잡는[잠는]	⇨	받침 'ㅂ'이 뒤에 오는 첫소리 'ㄴ'의 영향을 받아 비음 [ㅁ]으로 발음된다.

참고 'ㄹ'의 비음화 　한자어나 외래어에서 받침 'ㅁ, ㅇ'의 뒤에 오는 첫소리 'ㄹ'이 비음 [ㄴ]으로 바뀌어 소리 나는 현상을 'ㄹ'의 비음화라고 한다.

받침 'ㅁ, ㅇ' + 첫소리 'ㄹ' → [ㄴ]

예

| 침략[침냑] | ⇨ | 받침 'ㅁ' 뒤에 오는 첫소리 'ㄹ'이 비음 [ㄴ]으로 발음된다. |
| 대통령[대통녕] | ⇨ | 받침 'ㅇ' 뒤에 오는 첫소리 'ㄹ'이 비음 [ㄴ]으로 발음된다. |

개념 확인　1 받침 'ㄱ, ㄷ, ㅂ'이 첫소리 'ㄴ, ㅁ'을 만나면 [ㅇ, ㄴ, ㅁ]으로 바뀌어 소리 나는 현상을

비음화 　유음화 　라고 한다.

유음화

流 흐를 유, 音 소리 음,
化 될 화
흐름소리되기

유음은 공기를 흘려보내면서 내는 소리로, [ㄹ]이 있다. 'ㄴ'이 'ㄹ'의 앞이나 뒤에 올 때 유음 [ㄹ]로 바뀌어 소리 나는 현상을 유음화라고 한다.

'ㄴ' + 'ㄹ' → [ㄹ+ㄹ] / 'ㄹ' + 'ㄴ' → [ㄹ+ㄹ]

예

| 난로[날로]
신라[실라] | ⇨ | 받침 'ㄴ'이 뒤에 오는 첫소리 'ㄹ'의 영향을 받아 유음 [ㄹ]로 발음된다. |
| 칼날[칼랄]
줄넘기[줄럼끼] | ⇨ | 받침 'ㄹ'의 뒤에 오는 첫소리 'ㄴ'이 'ㄹ'의 영향을 받아 유음 [ㄹ]로 발음된다. |

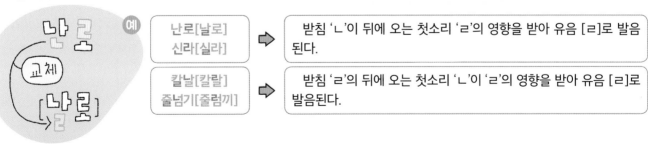

개념 확인　2 유음화에 따라 '칼날'은 [칼날]로 발음한다. 　○ 　✕

[1~2] 다음 단어를 소리 나는 대로 쓰고, 각 음운이 어떻게 바뀌어 소리 나는지 빈칸에 알맞은 자음을 써넣으세요.

1 (1) 밥물 [   ]

(2) 받침 'ㅂ'이 뒤에 오는 첫소리 'ㅁ'의 영향을 받아 비음 [   ]으로 소리 난다.

2 (1) 설날 [   ]

(2) 받침 'ㄹ'의 뒤에 오는 첫소리 'ㄴ'이 'ㄹ'의 영향을 받아 유음 [   ]로 소리 난다.

3 다음과 같이 비음화가 일어나는 단어의 발음을 보고, 빈칸에 알맞은 단어를 써넣으세요.

(1) _____ 과 함께 (2) _____ 애국가가 자랑스럽다.
      [궁민]   [든는]

[4~5] 밑줄 친 낱말을 유음화에 따라 알맞게 발음한 것을 찾아 O표 하세요.

4 우리는 여름에 <u>대관령</u>으로 놀러 갔다.

⇨ [대관녕 , 대관령 , 대괄령]

5 <u>논리</u>에 맞는 말을 해야 남을 설득할 수 있다.

⇨ [놀리 , 논니 , 논리]

[1~3] 다음 글을 읽고, 받침에 주의하여 짧은 문장을 써 보세요.

우리는 왜 소설을 읽어야 할까? 우리는 살아가면서 다양한 사람을 만나고, 여러 가지 감정을 경험하게 된다. 소설 속 인물들의 삶을 따라가다 보면, 마치 다른 사람의 인생을 간접 체험하는 느낌을 ㉠받는다. 덕분에 우리는 다른 사람에 대한 공감 능력을 키우고, 세상을 더 넓은 시각으로 새롭게 바라볼 수 있다.

또한 소설 속 인물들이 갈등하는 모습을 보면서 나 자신과 ㉯관련하여 "내가 이런 상황이라면 어떻게 할까?"를 고민하게 되고, 그 과정에서 중요한 깨달음을 얻을 수도 있다. 이처럼 ㉡소설책만큼 삶에 대한 깊은 통찰을 주는 지침서도 없을 것이다.

소설을 읽으며 잠시나마 현실에서 벗어나 색다른 경험을 할 수도 있다. 좋아하는 소설을 읽으며 즐거움을 느끼고, 소설 속 인물들과 함께 울고 웃으며 마음의 위로와 힘을 얻을 수도 있다. 이 외에도 소설은 긴 호흡으로 글을 읽는 능력을 길러 주고 언어적 감수성과 표현력을 기르는 데도 도움이 된다.

이처럼 우리 삶을 더욱 풍부하고 깊이 있게 만들어 주는 소설과 함께 오늘부터라도 새로운 세계로 여행을 떠나 보는 것은 어떨까?

1 ㉠, ㉡이 어떻게 발음되는지 쓰고, '받'과 '책'의 받침이 어떤 소리로 바뀌어 나는지 빈칸에 알맞은 내용을 써넣으세요.

(1) ㉠ '받는다 [   ]'   (2) ㉡ '소설책만큼 [   ]'

(3) ㉠은 받침 '☐'이 뒤에 오는 첫소리 'ㄴ'의 영향을 받아 비음 [   ]으로 바

꿔어 발음되고, ㉡은 받침 '☐'이 _____

_____

2 ㉯를 소리 나는 대로 쓰고, 이와 같이 바뀌어 소리 나는 현상을 무엇이라고 하는지 쓰세요.

(1) ㉯ '관련하여 [   ]'   (2) (   ) 현상

3 소설을 읽은 경험을 떠올려 보고, '책만'이라는 말을 넣어 그 경험에 대해 써 보세요.

⇨ _____

_____

18 구개음화, 된소리되기 알기

✏️ 필사하며 익히기

빨리 가려면 혼자 가고, 멀리 가려면 같이 가라. 굳이 혼자 가려는 사람은 한계가 있다.

➡️ '같이'는 [가치]로, '굳이'는 [구지]로 소리 나요.

✏️

출구는 모든 갈등을 헤쳐 나간 끝에 나타난다. 서로 믿지 못하면 길을 찾을 수 없다.

➡️ '갈등'은 [갈뜽], '믿지'는 [믿찌]로 소리 나요.

✏️

 'ㄷ, ㅌ' 뒤에 'ㅣ'가 이어질 때 [ㄷ, ㅌ]보다 [ㅈ, ㅊ]으로 발음해야 더 편하기 때문에 구개음화가 일어나요. 또 앞말에 받침이 있으면 뒷말을 된소리로 발음하는 것이 더 편해서 된소리되기가 일어나요. 그런데 된소리되기는 표준 발음으로 인정하는 경우와 그렇지 않은 경우가 있어 잘 구분해야 해요.

구개음화

ㅁ 입 구, 蓋 덮을 개,
音 소리 음, 化 될 화
입천장소리되기

구개음은 혀와 입천장 사이에서 나는 소리로, [ㅈ, ㅉ, ㅊ]이 있다. 받침 'ㄷ, ㅌ'이 모음 'ㅣ'를 만나 구개음 [ㅈ, ㅊ]으로 바뀌어 소리 나는 현상을 구개음화라고 한다.

받침 'ㄷ, ㅌ' + 'ㅣ' → [ㅈ, ㅊ]

 예

| 맏이[마지] 미닫이[미다지] | ⇨ | 받침 'ㄷ'이 모음 'ㅣ'를 만나 구개음 [ㅈ]으로 발음된다. |
| 밭이[바치] 밑이[미치] | ⇨ | 받침 'ㅌ'이 모음 'ㅣ'를 만나 구개음 [ㅊ]으로 발음된다. |

주의 받침 'ㄷ, ㅌ'이 'ㅣ' 이외의 모음과 결합할 때는 구개음화가 일어나지 않고 뒤 음절의 첫소리로 발음된다.

예 곧아[고다] 닫으니[다드니] , 밑에서[미테서] 밭을[바틀]

개념 확인 1 받침 'ㅌ'이 모음 'ㅣ'를 만나면, [ㅈ] [ㅊ] 으로 바뀌어 소리 난다.

된소리 되기

된소리는 목청이 긴장한 상태에서 나오는 소리로, [ㄲ, ㄸ, ㅃ, ㅆ, ㅉ]이 있고, 예사소리는 목청의 긴장도를 낮추어 강하지 않게 내는 소리로 [ㄱ, ㄷ, ㅂ, ㅅ, ㅈ]이 있다. 'ㄱ, ㄷ, ㅂ, ㅅ, ㅈ'이 앞에 오는 소리의 영향을 받아 된소리 [ㄲ, ㄸ, ㅃ, ㅆ, ㅉ]으로 바뀌어 소리 나는 현상을 된소리되기라고 한다.

 예

국밥[국빱] 받다[받따] 입술[입쑬]	⇨	받침 'ㄱ, ㄷ, ㅂ' 뒤에 오는 첫소리 'ㄱ, ㄷ, ㅂ, ㅅ, ㅈ'이 된소리 [ㄲ, ㄸ, ㅃ, ㅆ, ㅉ]으로 발음된다.
신다[신따] 감고[감꼬]	⇨	받침 'ㄴ, ㅁ' 뒤에 오는 첫소리 'ㄱ, ㄷ, ㅅ, ㅈ'이 된소리 [ㄲ, ㄸ, ㅆ, ㅉ]으로 발음된다.
갈등[갈뜽] 물질[물찔]	⇨	한자어 받침 'ㄹ' 뒤에 오는 첫소리 'ㄷ, ㅅ, ㅈ'이 된소리 [ㄸ, ㅆ, ㅉ]으로 발음된다.

개념 확인 2 'ㄱ, ㄷ, ㅂ, ㅅ, ㅈ'이 앞에 오는 소리의 영향을 받아 입천장소리 된소리 로 바뀌어 소리 나는 현상을 된소리되기라고 한다.

[1~2] 밑줄 친 단어를 바르게 소리 내어 읽은 것에 O표 하세요.

1 굳이 네가 나선다면 말리지 않겠다.

⇨ [구디 , 구지]

2 숙제가 어찌나 많은지 끝이 없다.

⇨ [끄치 , 끄티]

3 다음 문장에서 발음할 때 구개음화가 일어나는 단어를 찾아 O표 하고, 그 단어를 소리 나는 대로 쓰세요.

> 새해 들어 맞는 첫 해돋이가 장관이구나.

⇨ 소리 나는 대로 쓰기: [   ]

4 다음과 같이 된소리되기가 일어나는 단어의 발음을 보고, 빈칸에 알맞은 단어를 써넣으세요.

어머니의 (1) _____ 에는 (2) _____ 가 올라왔다.
　　　　　　　　[밥쌍]　　　　　　　　　[국쑤]

5 밑줄 친 단어를 소리 나는 대로 쓰고, 된소리되기가 일어나는 단어에 O표 하세요.

> 칸막이로 출입구를 막아 놓아 사람들의 통행을 막고 있다.

(1) 막아 [   ]　　　　　(2) 막고 [   ]

(3) 된소리되기가 일어나는 단어: (막아 , 막고)

[1~3] 다음 글을 읽고, 맞춤법에 주의하여 짧은 문장을 써 보세요.

> 1960년대 심리학자 피터 웨이슨은 사람들에게 몇 개의 숫자가 적힌 카드를 보여 주고, 이 숫자들이 어떤 규칙을 따르는지 맞혀 보게 하는 실험을 했다. 이때 대부분의 참가자들은 자신이 세운 규칙이 맞다는 증거를 찾는 데 집중했고, 이 규칙에서 벗어날 가능성이 큰 카드는 무시했다.
>
> 이 실험은 사람들이 자신이 옳다고 믿는 정보는 ㉠선택적 수집을 하고, 반대되는 정보는 무시하는 경향이 있다는 것을 보여 준다. 쉽게 말해, 보고 싶은 것만 보고, 듣고 싶은 것만 듣는다는 것이다. 그런데 이러한 태도는 ㉮<u>미치 기울어진 저울처럼 한쪽으로 치우쳐 사실과 다른 잘못된 편견이 굳어지게 한다.</u>
>
> 이러한 태도에서 벗어나려면 내 생각을 돌아보면서 한 번 더 생각해 보려는 자세가 필요하다. 내 생각이 틀릴 수도 있다는 것을 인정하고, 균형 잡힌 시각으로 다양한 의견을 찾아보려는 노력을 기울여야 한다. 그래야 보다 ㉡<u>객관적,</u> ㉢<u>합리적</u> 결론에 도달할 가능성이 높아진다.

1 ㉮ 문장에서 소리 나는 대로 적은 단어를 맞춤법에 맞게 고쳐 쓰세요.

⇨ _____ 기울어진 저울처럼 한쪽으로 치우쳐 사실과 다른 잘못된 편

견이 굳어지게 한다.

2 ㉠~㉢ 중 **보기**와 같은 음운 변동이 일어나는 단어 두 가지를 찾아 그 발음을 각각 쓰세요.

> **보기** 받침 'ㄱ, ㄷ, ㅂ' 뒤에 오는 첫소리 'ㄱ, ㄷ, ㅂ, ㅅ, ㅈ'은 된소리 [ㄲ, ㄸ, ㅃ, ㅆ, ㅉ]으로 바뀌어 소리 난다.

[   ] , [   ]

3 **보기**의 단어를 활용하여 균형 잡힌 시각을 가지기 위해 실천할 수 있는 일을 써 보세요.

보기	관점	갈등
	굳이	끝이

예 나와 다른 관점 받아들이기

⇨ _____

19 'ㄹ' 탈락, 'ㅎ' 탈락 알기

✏️ 필사하며 익히기

사계절 푸른 솔을 보라. 겨울이 되어 추워지면 비로소 소나무의 푸름을 알게 된다.

➡ '솔'과 '나무'가 합쳐지면서 'ㄹ'이 탈락해 '소나무'가 되었어요.

경험이 많을수록 지혜도 쌓인다. 경험은 우리가 배우고 성장하는 과정이다.

➡ '많을수록[마늘쑤록]'과 '쌓인다[싸인다]'는 'ㅎ'이 발음되지 않아요.

😊 쓰는 것과 다르게 발음할 때 사라지는 음운이 있어요. 대표적으로 자음 'ㄹ'과 'ㅎ'이 그래요. 이러한 현상도 앞에서 이야기했듯이 발음을 편하고 자연스럽게 하기 위해 일어나요.

'ㄹ' 탈락

脫 벗을 탈,
落 떨어질 락
'ㄹ'이 없어지는 현상

① 용언(동사, 형용사)이 활용하는 과정이나 ② 합성어 및 파생어가 만들어지는 과정에서 'ㄴ, ㄷ, ㅅ, ㅈ' 앞에 오는 받침 'ㄹ'이 탈락하는 현상을 'ㄹ' 탈락이라고 한다.

예

① 놀다 → 노니[노니] ② '딸' + '님' → 따님[따님]	⇨	'ㄴ' 앞에 오는 받침 'ㄹ'이 탈락하여 발음된다.
① 없음. ② '달' + '달' + '-이' → 다달이[다다리]	⇨	'ㄷ' 앞에 오는 받침 'ㄹ'이 탈락하여 발음된다.
① 말다 → 마시오[마시오] ② '말' + '소' → 마소[마소]	⇨	'ㅅ' 앞에 오는 받침 'ㄹ'이 탈락하여 발음된다.
① 없음. ② '바늘' + '질' → 바느질[바느질]	⇨	'ㅈ' 앞에 오는 받침 'ㄹ'이 탈락하여 발음된다.

특징1 발음에서 'ㄹ'이 탈락하면 적을 때도 'ㄹ'을 살려 쓰지 않는다.

특징2 'ㄹ' 탈락이 항상 일어나는 것은 아니다.

예 '물' + '살' → 물살[물쌀] , '달' + '-님' → 달님[달림]

개념 확인 1 'ㄹ' 탈락으로 발음에서 'ㄹ'이 탈락하더라도 적을 때는 'ㄹ'을 살려 쓴다. ◯ ✕

'ㅎ' 탈락

脫 벗을 탈,
落 떨어질 락
'ㅎ'이 없어지는 현상

받침 'ㅎ(ㄴㅎ, ㄹㅎ)' 뒤에 오는 첫소리가 모음이면 'ㅎ'을 발음하지 않는 현상을 'ㅎ' 탈락이라고 한다.

예

'좋' + '-은' → 좋은[조은] '않' + '-은' → 않은[아는]	⇨	'-은' 앞에 오는 받침 'ㅎ'이 탈락하여 발음된다.
'쌓' + '-아' → 쌓아[싸아] '싫' + '-어' → 싫어[시러]	⇨	'-아/-어' 앞에 오는 받침 'ㅎ'이 탈락하여 발음된다.
'낳' + '-으니' → 낳으니[나으니] '많' + '-으니' → 많으니[마느니]	⇨	'-으니' 앞에 오는 받침 'ㅎ'이 탈락하여 발음된다.
'놓' + '-이다' → 놓이다[노이다] '끓' + '-이다' → 끓이다[끄리다]	⇨	'-이다' 앞에 오는 받침 'ㅎ'이 탈락하여 발음된다.

특징 발음에서 'ㅎ'이 탈락해도 적을 때는 'ㅎ'을 살려 쓴다.

개념 확인 2 'ㅎ' 탈락으로 발음에서 'ㅎ'이 탈락하더라도 적을 때는 'ㅎ'을 살려 쓴다. ◯ ✕

1 다음 두 단어가 합쳐져 만들어진 단어를 맞춤법에 맞게 쓰고, 공통으로 **탈락**한 자음을 쓰세요.

(1) '활' + '살' → (   )

(2) '아들' + '-님' → (   )

⇨ (3) 공통으로 탈락한 자음

2 밑줄 친 단어에서 일어나는 음운 변동에 대한 설명입니다. 빈칸에 알맞은 단어를 쓰세요.

> 너는 애국가 4절을 부를 줄 <u>아느냐</u>?

⇨ '아느냐'는 동사 '   '의 활용형으로, '알-'에 '-느냐'가 붙어 이루어진 말이다. 'ㄴ' 앞에 오는 받침 'ㄹ'이 탈락하여 '아느냐'가 되었다.

3 다음 단어를 소리 나는 대로 쓰고, 발음하는 과정에서 공통으로 **탈락**한 자음을 쓰세요.

(1) 땋아서 [   ]

(2) 좋아 [   ]

⇨ (3) 공통으로 탈락한 자음

[4~5] 다음 빈칸에 들어갈 단어에 대한 설명을 보고, 알맞은 단어를 써넣어 문장을 완성하세요.

4
> 기본형 '쌓다'가 활용한 것으로 [싸이면]이라고 발음한다.

⇨ 아무리 작은 것이라도 모이고 모이면 나중에 큰 덩어리가 됨을 이르는 속담으로 '먼지도 ＿＿＿＿＿＿＿＿＿ 큰 산이 된다'가 있다.

5
> 기본형 '살다'가 활용한 것으로 [사시다]라고 발음한다.

⇨ 할아버지의 할아버지는 상하이에서 ＿＿＿＿＿＿＿＿＿ 돌아가셨다고 한다.

[1~3] 다음 글을 읽고, 맞춤법에 주의하여 짧은 문장을 써 보세요.

> 우리는 매일 아침 일어나 세수하고, 밥을 먹고, 학교에 간다. 그런데 이런 행동을 할 때마다 "이걸 어떻게 해야 하나?" 하고 깊이 고민하지 않는다. 그 이유는 바로 습관 때문이다.
>
> 미국 듀크 대학교 연구에 따르면, 우리가 하루 동안 하는 행동의 약 40퍼센트가 습관적으로 하는 행동이라고 한다. 습관이 만들어지면 우리 뇌는 반복된 행동을 자동화해서 뇌의 에너지 소모를 줄인다. 그래서 힘을 덜 들이고도 쉽게 행동할 수 있는 것이다. 또 심리학자 대니얼 카너먼은 우리가 의사 결정을 내릴 때 '빠른 직관적 사고'와 '느린 논리적 사고'라는 두 가지 사고 체계를 사용한다고 하였다. 습관이 형성되면 빠른 직관적 사고 체계에서 행동이 자동으로 실행되므로, 더 적은 에너지로 효율적인 행동을 할 수 있게 된다는 것이다.
>
> 그럼 좋은 습관을 만드는 데는 얼마나 걸릴까? 영국 런던 대학교의 실험 결과에 따르면, 새로운 습관을 형성하는 데 평균 66일이 걸린다고 한다. 따라서 목표를 이루기 위해서는 ㉠나날이 꾸준한 실천을 해야 한다.
>
> 습관은 우리의 삶을 결정짓는 중요한 요소이다. 작은 습관 하나가 오랜 시간 ㉡쌓여 큰 변화를 만들어 낸다. ㉢좋은 습관을 꾸준히 실천하는 것이 중요한 이유이다.

1 ㉠'나날이'는 어떤 단어가 결합하여 만들어진 것일지 보기를 참고하여 빈칸에 알맞은 글자를 써 넣으세요.

> 보기 다달이 → 달 + 달 + -이   나날이 → (   ) + (   ) + (   )

2 ㉡, ㉢을 소리 나는 대로 쓰고, 공통으로 어떤 음운 변동이 일어났는지 쓰세요.

(1) ㉡ '쌓여 [   ]'   (2) ㉢ '좋은 [   ]'

(3) 공통으로 일어난 음운 변동: (   )

3 보기의 단어를 활용하여 새롭게 만들고 싶은 습관을 떠올려 써 보세요.

> 보기 나날이   살다
>   좋다   쌓다

⇨ _____

20 'ㄴ' 첨가, 거센소리되기 알기

눈요기로 심는 값비싼 화초와 자연이 키우는 들꽃의 가치를 사람들은 왜 값으로 따질까?

⇨ '눈요기'는 'ㄴ'이 첨가되어 [눈뇨기]로 소리 나요.

_____

_____

남의 손을 씻어 주면 내 손이 깨끗해지고, 남을 위해 등불을 밝히면 내 앞이 밝아진다.

⇨ '밝히면'은 받침 'ㄺ'의 'ㄱ'이 'ㅎ'과 합쳐져 [발키면]으로 소리 나요.

_____

_____

☺ 앞에서는 발음을 편하게 하기 위해 다른 음운으로 바뀌거나 사라지는 음운이 있다는 것을 배웠어요. 이번에는 새로운 음운이 생기거나 두 음운을 하나로 줄여서 발음하는 경우를 알아보아요.

'ㄴ' 첨가

添 더할 첨, 加 더할 가
'ㄴ'이 더해지는 현상

합성어나 파생어에서 앞말에 받침이 있고, 뒷말 첫소리가 '이, 야, 여, 요, 유'인 경우 'ㄴ' 음을 첨가하여 [니, 냐, 녀, 뇨, 뉴]로 소리 나는 현상을 'ㄴ' 첨가라고 한다.

예	
솜이불[솜니불] ➡	앞말에 받침이 있고, 뒷말 첫소리가 '-이'인 경우 [-니]로 발음된다.
두통약[두통냑] ➡	앞말에 받침이 있고, 뒷말 첫소리가 '-야'인 경우 [-냐]로 발음된다.
한여름[한녀름] ➡	앞말에 받침이 있고, 뒷말 첫소리가 '-여'인 경우 [-녀]로 발음된다.
담요[담뇨] ➡	앞말에 받침이 있고, 뒷말 첫소리가 '-요'인 경우 [-뇨]로 발음된다.
식용유[시굥뉴] ➡	앞말에 받침이 있고, 뒷말 첫소리가 '-유'인 경우 [-뉴]로 발음된다.

개념 확인　　**1** 'ㄴ' 첨가는 발음할 때 'ㄴ' 음을 첨가하여 발음하지만, 적을 때는 'ㄴ'을 쓰지 않는다. 　〇　✕

거센소리
되기

거센소리는 숨이 거세게 나오는 소리로, [ㅋ, ㅌ, ㅍ, ㅊ]이 있다. 'ㄱ(ㄺ), ㄷ, ㅂ(ㄼ), ㅈ(ㄵ)'이 'ㅎ'과 합쳐져 거센소리 [ㅋ, ㅌ, ㅍ, ㅊ]으로 바뀌어 소리 나는 현상을 거센소리되기라고 한다.

'ㄱ, ㄷ, ㅂ, ㅈ' + 'ㅎ' → [ㅋ, ㅌ, ㅍ, ㅊ]

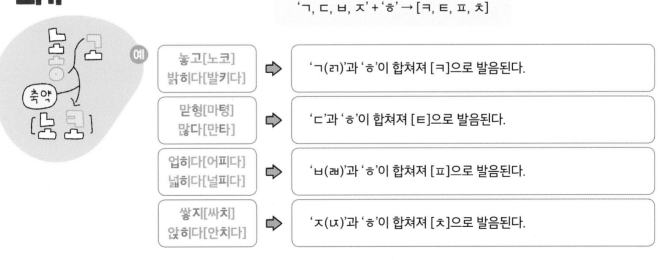

예	
놓고[노코] 밝히다[발키다] ➡	'ㄱ(ㄺ)'과 'ㅎ'이 합쳐져 [ㅋ]으로 발음된다.
맏형[마텽] 많다[만타] ➡	'ㄷ'과 'ㅎ'이 합쳐져 [ㅌ]으로 발음된다.
업히다[어피다] 넓히다[널피다] ➡	'ㅂ(ㄼ)'과 'ㅎ'이 합쳐져 [ㅍ]으로 발음된다.
쌓지[싸치] 앉히다[안치다] ➡	'ㅈ(ㄵ)'과 'ㅎ'이 합쳐져 [ㅊ]으로 발음된다.

개념 확인　　**2** '많다'에서 받침 'ㄶ'의 'ㅎ'이 뒤에 오는 'ㄷ'과 합쳐져 　[ㅋ]　[ㅌ]　으로 소리 난다.

1 다음 단어를 소리 나는 대로 쓰고, 발음하는 과정에서 공통으로 첨가된 자음을 쓰세요.

(1) 논일 [   ]

(2) 단풍잎 [   ]

➡ (3) 공통으로 첨가된 자음

2 다음과 같이 'ㄴ' 첨가가 일어나는 단어의 발음을 보고, 빈칸에 알맞은 단어를 써넣으세요.

(1) _____ 에 (2) _____ 을 덮고 자기도 한다.

　　　[한녀름]　　　　　　　　　　[솜니불]

[3~4] 밑줄 친 단어를 바르게 소리 내어 읽은 것에 ○표 하고, 받침이 'ㅎ'과 합쳐져 어떤 소리로 바뀌는지 빈칸에 알맞은 자음을 써넣으세요.

3

백합 송이를 코끝에 대고 향기를 맡아 본다.

(1) [배캅 , 배탑]

(2) 받침 'ㄱ'이 'ㅎ'과 합쳐져 [   ]으로 발음된다.

4

중학교 입학 선물로 받고 싶은 것이 있다.

(1) [이착 , 이팍]

(2) 받침 'ㅂ'이 'ㅎ'과 합쳐져 [   ]으로 발음된다.

5 밑줄 친 단어를 소리 나는 대로 쓰세요.

배가 암초에 얹힌 모습이 위태로워 보였다.

[   ]

[1~3] 다음 글을 읽고, 맞춤법에 주의하여 짧은 문장을 써 보세요.

"로봇이 내 숙제 좀 대신해 주면 　　㉠　　 않을까?" 아마 한 번쯤 이런 생각을 해 본 적이 있을 것이다. 인공 지능(AI)이 발전하면서 옛날에는 상상도 할 수 없었던 일들이 일어나고 있다. 미래에는 정말 많은 직업에서 AI가 인간을 대신할지도 모른다. 특히 AI가 훨씬 빠르고 　　㉡　　 할 수 있는 단순 반복 작업은 AI로 대체될 가능성이 크다.

그렇다고 AI가 모든 직업을 대체하는 것은 아니다. 창의적 사고나 감성적 소통이 필요한 직업은 여전히 인간의 영역으로 남을 것이다. 인간의 공감 능력이 중요한 상담사, 예술가, 교육자 등의 직업은 여전히 필요할 것이다. AI와 함께 일하며 새로운 가치를 창출하는 직업은 오히려 늘어날 것으로 예상된다. 대표적인 미래 유망 직업으로 인공 지능 전문가가 있다. AI 데이터 분석가, AI 윤리 전문가, 로봇 공학자 등이 그것이다. 또한, 가상 현실(VR)과 증강 현실(AR)을 활용한 콘텐츠 제작자도 주목받고 있다.

오늘날 사회는 하루가 다르게 변화하고 있다. 앞일을 정확히 아는 것은 불가능하기 때문에 변화를 예측하고 전망하는 자세가 필요하다. 아무런 준비 없이 ㉢맨입으로 결실만을 얻으려는 자세는 적절하지 않다.

1 보기는 ㉠, ㉡에 들어갈 단어를 소리 나는 대로 쓴 것입니다. 보기를 참고하여 빈칸에 들어갈 단어를 맞춤법에 맞게 쓰세요.

보기
㉠ → [조치]
㉡ → [정화카게]

(1) ㉠: (　　　　　　　　)

(2) ㉡: (　　　　　　　　)

2 ㉢을 소리 나는 대로 써 보고, 이 단어를 넣어 짧은 문장을 만들어 쓰세요.

(1) ㉢'맨입으로 [　　　　　　　　]'

(2) 문장 만들기: _____

3 보기의 단어를 활용하여 인공 지능이 발달한 미래 사회의 모습을 한 가지만 상상해서 써 보세요.

보기
한여름　　　논일
정확하다　　많다

⇨ _____

글 필사하기

이 책에서 읽은 글의 일부분을
필사하며 문법 개념을
다시 한번 확인해 보세요.

01 고유어, 한자어, 외래어 알기

● 고유어, 한자어, 외래어가 들어간 문장을 찾고, 그중 세 문장을 필사해 보세요.

15쪽

최근 기후 위기로 식량 부족에 대한 우려가 증가하면서 '미래 식량'이 큰 관심을 받고 있다. 미래 식량이란 환경을 파괴하지 않으면서 영양소를 충분히 갖춰 식량 부족 문제에 대응할 수 있는 미래 지향적인 식품을 말한다. 그중에서도 식용 곤충이 주목을 받고 있는데, 곤충의 어떤 점이 미래 식량으로 적합한 것일까?

무엇보다 식용 곤충은 가축을 키우는 것에 비해 온실가스와 암모니아를 적게 배출하고, 물 소비량도 적다. 또 식용 곤충은 고기와 단백질 함량이 비슷하다. 식용 곤충의 지방은 동물성 기름과 식물성 기름의 중간 성질을 가지며, 우리 몸에 흡수가 잘 되는 불포화 지방산이 풍부하다. 마지막으로 식용 곤충의 영양 성분은 질병을 고치는 데 효과가 있다. 예를 들어 밀웜이라는 갈색거저리 애벌레는 식이 섬유가 풍부하고, 기침이나 가래 등의 치료에 효과가 있다.

02 다의어 알기

정답 및 해설 23쪽

● 다의어가 쓰인 문장을 찾고, 그중 세 문장을 필사해 보세요.

19쪽

화폐는 한 나라의 얼굴이다. 화폐에 사람의 얼굴을 그려 넣은 것은 고대 로마 시대에 시작되었다. 당시 로마 황제는 '이것은 내 얼굴이 새겨진 물건이니 믿고 써도 된다.'라는 뜻으로 자신의 얼굴을 새긴 동전을 사람들에게 나누어 주었다. 이런 전통이 지금까지 전해져 사람의 얼굴을 화폐에 그려 넣게 된 것이다.

전 세계 화폐에 가장 많이 등장하는 인물은 약 20여 개 나라의 화폐에 나오는 영국 여왕 엘리자베스 2세이다. 그녀가 여왕이 된 1953년에 영국은 50개 이상의 식민지를 거느린 나라였다. 지금은 대부분 독립 국가가 되었지만 여전히 여러 나라에서 엘리자베스 2세의 얼굴을 화폐에 쓰고 있다.

화폐에는 대부분 그 나라를 위해 훌륭한 업적을 남긴 인물이 등장한다. 하지만 자기 분야에서 업적을 이룬 평범한 사람을 화폐에 넣기도 한다. 또 우리나라를 포함해 대부분의 나라에서는 하나의 화폐에 한 사람의 얼굴을 사용하지만, 화폐 하나에 여러 인물이 나오는 경우도 있다.

03 동음이의어 알기

● 동음이의어가 쓰인 문장을 찾고, 그중 세 문장을 필사해 보세요.

23쪽

언제나처럼 우리 집 주말 점심은 김밥이다. 이번 주 김밥 말기 담당인 내가 졸린 눈을 비비며 열심히 김밥을 말고 있는데, 누나가 식탁에 앉아서 젓가락을 물고 멍하게 있었다.

"너는 먹다 말고 무슨 생각을 그렇게 하니?"

엄마가 김밥을 썰며 말씀하셨다. 그리고 썬 김밥을 접시에 담아 누나에게 건네셨다. 한쪽에서는 아빠가 라면 국물에 밥을 말고 계셨다.

"김밥을 드시지 그래요."

엄마의 잔소리가 시작되었다.

"라면 국물 간이 얼마나 센데, 짜게 먹으면 혈압도 오르고 간에도 부담을 준다고요."

아빠는 눈을 질끈 감고 남은 국물을 후루룩 마셨다. 그리고 얼른 자리를 피해 욕실로 가서 머리를 감는다. 언제나처럼 우리 집 주말 점심은 평화롭다.

04 전문어, 차별 표현 알기

정답 및 해설 23쪽

● 전문어, 차별 표현이 사용된 문장을 찾고, 그중 두 문장을 필사해 보세요.

27쪽

최근 청소년들은 '초딩', '잼민이' 등과 같은 말을 자주 사용한다. 이런 표현에는 어린이를 얕잡아 보는 시각이 담겨 있다. 또한 어른들도 '어린이는 어른보다 서툴고 미숙하다.'라는 편견을 담은 '산린이', '요린이'와 같은 말을 꽤 많이 사용한다.

'-린이'는 어떤 일을 처음 할 때 능숙하지 못한 초보자를 비유하는 말로 사용된다. 성장이 끝나지 않았다는 사실만으로 어린이를 미숙한 존재로 정의하고, 미숙함을 보이는 사람에게 어린이 같다고 하는 것이다. '초보자', '입문자'라는 말을 두고 '-린이'라는 표현을 사용하는 것은 어린이에 대한 편견과 고정 관념을 부추기는 좋지 않은 표현이다.

어린이에 대한 차별 표현은 어린이를 권리 주체로 존중하지 않는 우리 사회의 현실을 보여 준다. 아동 심리 전문가들은 최근 한 심포지엄에서 어린이들은 자신을 존중하는 사회 분위기를 통해 라포르를 형성하고 자존감과 자기 효능감을 회복하여 연대감, 책임감을 가진 어른으로 자라난다는 점을 강조하였다. 어린이를 어른과 동등한 사회 구성원으로 존중하는 인식의 개선과 실천이 필요한 때이다.

05 줄임말, 새말 알기

● 줄임말, 새말이 쓰인 문장을 찾고, 그중 두 문장을 필사해 보세요.

31쪽

나는 평소에 매운 음식을 잘 못 먹지만 친구들과 어울리고 싶은 마음에 마라탕을 먹는 데에 따라갔다. 매운 게 들어갈수록 배가 아파서 쩔쩔매는 나를 보고 지후가,

"이 정도 맵기도 못 먹다니 오나전 캐안습이다."

라고 말하였다. 고통스러워하는 나를 걱정해 주기는커녕 놀리는 말이 정말 서운했다.

요즘에는 매운 음식을 잘 먹지 못하는 사람을 '맵찔이'라고 부르며 무시하거나, 매운 음식을 잘 먹는 것에 자부심을 느끼는 사람에게 '맵부심'이 있다고 말한다. 나는 이 것이 잘못된 일이라는 것을 지후에게 알려 주었다.

"사람마다 손가락 지문의 모양이 다른 것처럼 사람의 혀에 있는 수많은 돌기의 배열에 따라 사람마다 맛이나 식감을 느끼는 정도가 다르대."

다행히 내 말을 들은 지후는 바로 사과를 하였다.

"아, 그렇구나. 매운 음식을 못 먹는다고 놀림을 당하고, 잘 먹는다고 자부심을 가질 일도 아닌데, 내가 실수했어. 미안해."

06 체언(명사, 대명사, 수사) 알기

정답 및 해설 24 쪽

● 명사, 대명사, 수사가 사용된 문장을 찾고, 그중 세 문장을 필사해 보세요.

지구 온난화로 북극 얼음이 녹아내리며 북극곰이 살 곳이 사라져 간다는 뉴스를 보며 평범한 아홉 살 소년 펠릭스는 결심을 했다.

"북극곰을 위해 나무 백만 그루를 심자!"

어른들이 코웃음을 쳤지만 펠릭스는 포기하지 않았다.

"우리 힘으로 북극곰을 구하자!"

펠릭스의 외침에 친구들이 힘을 보탰다.

3년 뒤, 어린이들은 백만의 절반인 오십만 그루의 나무를 심게 되었다. 어른들도 펠릭스의 캠페인에 관심을 가지기 시작하였고, 유엔에서는 그를 초청해 연설을 부탁하였다.

"지금부터는 어린이, 어른 할 것 없이 전 세계인이 함께해야 합니다. 우리는 1조 그루의 나무를 심을 수 있습니다."

펠릭스의 연설은 어른들의 마음을 움직였고, 전 세계가 펠릭스의 '나무 심기 캠페인'에 동참하기 시작했다.

07 용언(동사, 형용사) 알기

● 동사, 형용사가 쓰인 문장을 찾고, 그중 세 문장을 필사해 보세요.

41쪽

엄마, 얼마 전 엄마께 짜증 냈던 일을 사과드리고 싶어요. 그날 아침, 입으려고 한 옷이 빨래 바구니에 있는 걸 보고 저도 모르게 엄마께 소리를 질렀어요. 깜짝 놀라신 엄마가 "바빠서 못 빨았어. 다른 거 입고 가." 하고 달래 주셨지만, 전 툴툴거리며 밥도 안 먹고 집을 나섰죠. 터벅터벅 학교로 걸어가는데 미안해하시던 엄마의 표정이 자꾸 떠올라서 마음이 무거웠어요. 그렇게 소리를 지르면 안 되는 거였는데⋯⋯ 바로 엄마께 죄송하다고 문자를 드리려고 했는데, 망설이다가 쑥스러워서 그냥 교실로 들어갔어요.

그리고 하필 그날 저녁밥이 제가 싫어하는 카레여서 또 엄마께 짜증을 냈어요. 깨지락깨지락 밥을 먹는 둥 마는 둥 하다가 방으로 들어가 책상 앞에 앉았는데, 아침에도 후회해 놓고 왜 자꾸 이러는지 모르겠다는 생각이 들었어요. 그때 엄마가 과일을 들고 오셔서 "혜빈아, 내일은 너 좋아하는 미역국 끓여 줄게." 하시는데 눈물이 왈칵 쏟아졌어요. 엄마가 요새 회사 일 때문에 바쁘신 걸 알면서 도와드리지는 못하고 짜증만 부려서 죄송해요. 앞으로는 착한 딸이 될게요.

08 수식언(관형사, 부사) 알기

● 관형사, 부사가 들어간 문장을 찾고, 그중 세 문장을 필사해 보세요.

45쪽

겨울 방학에 우리 가족은 제주도로 여행을 떠났다. 숙소는 아빠의 고향과 가까운 해안가에 있었다. 새끼줄로 묶인 지붕과 그 옆의 까만 돌담이 정말 예뻤다.

우리 가족은 숙소 근처에 있는 '성산 일출봉'에 먼저 가 보기로 했다. 성산 일출봉은 정상에서 보는 일출이 장관이어서 새벽마다 일출을 보기 위해 오르는 관광객으로 늘 붐빈다고 한다. 직접 가서 보니 바다에 우뚝 솟은 분화구의 가장자리가 마치 성벽처럼 웅장해 보였다.

성산 일출봉을 구경한 다음 휴애리에 갔다. 화려한 동백꽃으로 둘러싸인 동백 올레길을 걷다 보니 겨울이 맞는지 헷갈릴 정도였다.

저녁에는 제주도에서 유명하다는 통갈치 조림을 먹었다. 양이 푸짐해서 온 가족이 배불리 먹었다. 숙소에 돌아와 오늘 찍은 사진을 보면서 제주도에 또 오면 좋겠다고 생각했다.

09 관계언(조사), 독립언(감탄사) 알기

● 조사, 감탄사가 쓰인 문장을 찾고, 그중 세 문장을 필사해 보세요.

49쪽

우스갯소리를 잘하는 김 선생은 어느 날, 친구의 집을 방문하였다. 친구가 밥상을 차렸는데, 반찬이 김치와 푸성귀뿐이었다. 친구가 먼저 미안해하며 말하였다.

"집이 가난하고 시장마저 너무 먼 탓에 내놓을 만한 반찬이 전혀 없고 싱거운 것뿐일세. 그저 부끄러울 따름이네."

그때 마침 뜰에서 닭들이 무리를 지어 어지럽게 모이를 쪼아 먹고 있었다. 그 장면을 본 김 선생이 친구에게 말하였다.

"여보게, 친구."

"응, 왜 그러는가."

"사내대장부는 천금을 아끼지 않는 법. 내가 타고 온 말을 잡아 찬거리를 장만하게."

"이런, 하나뿐인 말을 잡으라니? 무엇을 타고 돌아가려는가?"

"나야 저 뜰에 있는 닭 타고 가면 되지."

10 품사의 특성과 활용

정답 및 해설 25 쪽

● 명사로 끝맺은 문장, 수사, 수 관형사가 사용된 문장을 찾고, 그중 세 문장을 필사해 보세요.

하늘 초등학교 6학년, '진로 탐색 캠프' 운영

다양한 프로그램을 통해 진로를 탐색하고 진로 인식을 높이다

하늘 초등학교 6학년을 대상으로 '진로 탐색 캠프'를 운영하였다. 이 캠프에 참여한 6학년 학생들은 자신의 소질과 적성을 찾아보며, 진로에 대해 생각해 보기 위해 시행되었다.

진로 탐색 캠프는 세 가지 프로그램으로 진행되었다. 첫째는 '만나고 싶은 직업인' 설문 조사 결과로 초청된 학부모 수업이었다. 학생들의 관심이 높은 직업을 가진 학부모가 강사가 되어 "내가 좋아하는 일을 직업으로 삼을 수 있을까?"라는 주제로 학생들의 궁금증을 풀어 주었다. 둘째는 다양한 직업에 대해 알아보는 '진로 골든벨' 시간이었다. 문제를 많이 맞히는 것보다 모둠 활동을 통해 서로 소통하고 협력하며 새로운 직업에 대해 탐구하는 프로그램이었다. 마지막으로 '내 꿈 그리기' 프로그램은 20년 뒤 자신의 직업을 상상하며 그림을 그리는 시간이었다.

11 이어진 문장 알기

● 이어진 문장을 찾고, 그중 세 문장을 필사해 보세요.

59쪽

우리 뱃속의 장(腸)에는 수없이 많은 미생물이 살고 있다. 이들은 눈으로는 볼 수 없는 아주 작은 생물이지만 우리 몸에서 여러 가지 중요한 역할을 한다.

먼저, 음식물 소화에 도움을 준다. 장내 미생물은 우리가 소화하기 어려운 섬유질을 분해해서 몸에 좋은 물질을 만들어 내는데, 이 물질은 장 건강을 지키고 에너지를 공급하는 역할을 한다. 또한 면역력을 높이는 데 도움이 된다. 장내 미생물은 나쁜 세균이 우리 몸에 들어오는 것을 막아 주고, 면역 세포를 도와서 각종 질병으로부터 몸을 보호해 준다. 특히 장내 미생물은 정신 건강과도 밀접한 관련이 있는데, 행복함을 느끼게 하는 세로토닌 같은 호르몬을 만들어 내어 스트레스 해소에 도움을 준다.

이처럼 우리 건강에 중요한 역할을 하는 장내 미생물이 잘 살게 하려면 장내 환경을 좋게 만들어야 한다. 따라서 몸에 좋은 음식을 잘 챙겨 먹고 규칙적으로 생활해야 건강한 장내 미생물 균형을 유지할 수 있다.

12 명사절을 가진 안은문장 알기

정답 및 해설 25쪽

● 명사절을 가진 안은문장을 찾고, 그중 두 문장을 필사해 보세요.

63쪽

광고는 소비자의 관심을 끌고 구매를 유도하기 위해 다양한 설득 전략을 사용한다.

먼저 감정에 호소하는 전략이다. 예를 들어, 한 가족이 제품을 사용하면서 겪는 따뜻하고 감동적인 에피소드를 담은 광고는 보는 사람들의 감정을 자극해 마음을 움직이고 제품에 대한 호감도를 높인다. 다음으로 유명인이나 전문가를 활용하는 전략이다. 소비자가 좋아하는 연예인이나 전문가를 광고에 등장시킴으로써 제품에 대한 호감도와 신뢰도를 높일 수 있다. 예를 들어, 운동선수가 운동화 광고에 나와서 "이 신발을 신으면 더 빠르게 뛸 수 있어요."라고 말하면, 광고를 본 사람들은 그 신발을 사기를 원한다. 마지막으로 친근감을 느낄 만한 일상적 인물과 사물을 등장시켜 소비자와의 연관성을 느끼게 하는 전략이다.

이와 같이 광고의 다양한 전략들은 소비자의 감정과 경험에 호소하여 제품에 대한 긍정적인 인식을 형성하게 한다. 그리고 이것이 해당 제품의 구매로까지 이어지게 하는 데 중요한 역할을 함을 알 수 있다.

13 관형절을 가진 안은문장 알기

● 관형절을 가진 안은문장을 찾고, 그중 두 문장을 필사해 보세요.

67쪽

쇼트 폼(short form)이 최근 몇 년 사이 큰 인기를 끌고 있다. 쇼트 폼은 10초에서 1분 내외로 짧게 편집해 올린 동영상을 말하는데, 짧은 시간 안에 빠르게 재미와 정보를 전달하여 부담 없이 즐길 수 있다. 그런데 이러한 쇼트 폼의 과도한 소비는 중독으로 이어질 수 있다는 문제점을 가지고 있다.

쇼트 폼은 간단한 손가락 조작으로 계속해서 다른 내용의 영상을 볼 수 있고, 알고리즘이 사용자의 취향을 분석해 끊임없이 사용자가 보고 싶어 하는 영상을 추천한다. 그래서 원래 계획보다 훨씬 많은 시간을 소비하게 된다. 잠시만 보려던 것을 시간 가는 줄 모르고 보다가 다음 날 해야 할 일에 지장을 주기도 한다.

쇼트 폼은 짧은 시간 동안 강한 자극을 제공하기 때문에 우리 뇌는 끊임없이 새로운 자극을 찾는다. 이 때문에 쇼트 폼을 습관적으로 보면 주의가 산만해지고, 뇌 발달에 악영향을 끼칠 수 있다. 심하면 긴 글이나 영상에 집중하기 어려워지고, 깊이 있는 사고 능력이 떨어지는 문제가 발생한다.

14 부사절을 가진 안은문장 알기

정답 및 해설 26쪽

● 부사절을 가진 안은문장을 찾고, 그중 두 문장을 필사해 보세요.

7쪽

자율 주행 자동차는 사람이 직접 운전하지 않아도 스스로 달리는 자동차이다. 자율 주행 자동차는 인공 지능(AI), 센서 기술, 빅 데이터 분석 등을 활용하여 운전자의 개입이 없이 스스로 달릴 수 있다.

자율 주행 기술은 레벨 0부터 레벨 5까지로 구분된다. 레벨 0은 사람이 직접 운전하는 단계이고, 레벨 2는 자동차가 속도를 조절하고 차선을 유지하지만 사람이 계속 지켜봐야 하는 단계이다. 레벨 5는 운전자의 개입이 없이 자동차가 모든 상황을 스스로 판단하며 운전하는 단계이다. 현재 여러 기업이 완전한 자율 주행이 가능하도록 연구를 계속하고 있다.

자율 주행 자동차가 본격적으로 도입되면 사람들이 더욱 안전하게 이동할 수 있고, 장애인과 노약자의 이동이 자유로워질 것이다. 또한 대중교통과 물류 시스템에 적용되어 효율적인 교통 체계를 구축할 수 있을 것이다. 하지만 기술적 완성도, 법적 규제 마련과 사고 발생 시 책임 소재 문제, 해킹 위험 등 해결해야 할 과제도 많다.

15 서술절, 인용절을 가진 안은문장 알기

● 서술절, 인용절을 가진 안은문장을 찾고, 그중 두 문장을 필사해 보세요.

75쪽

건강은 잠이 중요하다. 잠을 자는 동안 신체는 세포를 재생하고 근육을 회복시키며, 면역 시스템을 활성화하여 질병에 대한 저항력을 높인다. 그래서 잠이 부족하면 면역력이 떨어져 감기나 기타 질병에 쉽게 걸릴 수 있다.

또한 잠은 기억력과 학습 능력에도 큰 영향을 미친다. 과학자들의 연구에 따르면, 수면은 뇌의 해마와 대뇌 피질 간의 정보 전달을 돕는다. 즉, 잠을 자는 동안 뇌는 낮 동안 받아들인 정보를 정리하고 장기 기억으로 저장하며, 필요 없는 기억을 정리하는 과정도 거친다. 충분한 수면을 취하면 집중력이 향상되고 창의력이 높아지는 반면, 수면이 부족하면 기억력이 저하되고 사고력이 감소한다.

정신 건강에도 잠은 필수적이다. 전문가는 "수면 부족이 스트레스 호르몬의 분비를 증가시켜 불안과 우울감을 유발할 수 있다."라고 경고한다. 또한 잠이 부족하면 뇌에서 감정을 조절하는 부분이 제대로 작동하지 않아 기분이 불안정해질 수 있다고 강조한다.

따라서 건강한 삶을 위해서는 규칙적으로 충분한 수면을 취해야 한다.

16 음운 변동, 음절의 끝소리 규칙 알기

정답 및 해설 **26**쪽

● **음절의 끝소리 규칙이 나타나는 단어가 들어간 문장을 찾고, 그중 세 문장을 필사해 보세요.**

81쪽

언어는 말과 글로 자신의 생각을 표현하는 도구일 뿐만 아니라, 우리의 사고방식과도 깊은 관련이 있다.

아메리카 원주민 부족인 호피족의 언어에는 과거, 현재, 미래를 구분하는 표현이 없다. 그래서 이들은 '모든 일이 한꺼번에 존재하는 것'처럼 생각한다. 반면, 한국어나 영어에서는 시간상의 앞뒤 관계를 따져 과거, 현재, 미래를 뚜렷이 구분하기 때문에 시간을 직선적인 흐름으로 받아들인다.

또한, 아메리칸 인디언어의 하나인 나바호어에는 명확한 소유 개념이 존재하지 않는다. 예를 들어, "이것은 내 집이다."라는 표현 대신 '내가 머무르는 곳'처럼 관계성을 강조하는 표현을 사용한다.

이처럼 언어는 우리가 세상을 어떻게 인식하고 이해하는지에 영향을 준다. 따라서 우리가 사용하는 언어를 통해 우리의 사고방식과 문화적 배경을 이해할 수 있으며, 더 나아가 다양한 문화를 이해하고 존중하는 태도를 기를 수 있다.

17 비음화, 유음화 알기

● 비음화, 유음화가 일어나는 단어가 들어간 문장을 찾고, 그중 세 문장을 필사해 보세요.

85쪽

우리는 왜 소설을 읽어야 할까? 소설 속 인물들의 삶을 따라가다 보면, 마치 다른 사람의 인생을 간접 체험하는 느낌을 받는다. 덕분에 우리는 다른 사람에 대한 공감 능력을 키우고, 세상을 더 넓은 시각으로 새롭게 바라볼 수 있다.

또한 소설 속 인물들이 갈등하는 모습을 보면서 나 자신과 관련하여 "내가 이런 상황이라면 어떻게 할까?"를 고민하게 되고, 그 과정에서 중요한 깨달음을 얻을 수도 있다. 이처럼 소설책만큼 삶에 대한 깊은 통찰을 주는 지침서도 없을 것이다.

소설을 읽으며 잠시나마 현실에서 벗어나 색다른 경험을 할 수도 있다. 좋아하는 소설을 읽으며 즐거움을 느끼고, 소설 속 인물들과 함께 울고 웃으며 마음의 위로와 힘을 얻을 수도 있다. 이 외에도 소설은 긴 호흡으로 글을 읽는 능력을 길러 주고 언어적 감수성과 표현력을 기르는 데도 도움이 된다.

18 구개음화, 된소리되기 알기

정답 및 해설 27쪽

● 구개음화, 된소리되기가 일어나는 단어가 들어간 문장을 찾고, 그중 세 문장을 필사해 보세요.

89쪽

1960년대 심리학자 피터 웨이슨은 사람들에게 몇 개의 숫자가 적힌 카드를 보여 주고, 이 숫자들이 어떤 규칙을 따르는지 맞혀 보게 하는 실험을 했다. 이때 대부분의 참가자들은 자신이 세운 규칙이 맞다는 증거를 찾는 데 집중했고, 이 규칙에서 벗어날 가능성이 큰 카드는 무시했다.

이 실험은 사람들이 자신이 옳다고 믿는 정보는 선택적 수집을 하고, 반대되는 정보는 무시하는 경향이 있다는 것을 보여 준다. 쉽게 말해, 보고 싶은 것만 보고, 듣고 싶은 것만 듣는다는 것이다. 그런데 이러한 태도는 밑이 기울어진 저울처럼 한쪽으로 치우쳐 사실과 다른 잘못된 편견이 굳어지게 한다.

이러한 태도에서 벗어나려면 내 생각을 돌아보면서 한 번 더 생각해 보려는 자세가 필요하다. 내 생각이 틀릴 수도 있다는 것을 인정하고, 균형 잡힌 시각으로 다양한 의견을 찾아보려는 노력을 기울여야 한다. 그래야 보다 객관적, 합리적 결론에 도달할 가능성이 높아진다.

19 'ㄹ' 탈락, 'ㅎ' 탈락 알기

● 'ㄹ' 탈락, 'ㅎ' 탈락이 일어나는 단어가 들어간 문장을 찾고, 그중 세 문장을 필사해 보세요.

93쪽

미국 듀크 대학교 연구에 따르면, 우리가 하루 동안 하는 행동의 약 40퍼센트가 습관적으로 하는 행동이라고 한다. 습관이 만들어지면 우리 뇌는 반복된 행동을 자동화해서 뇌의 에너지 소모를 줄인다. 그래서 힘을 덜 들이고도 쉽게 행동할 수 있는 것이다. 또 심리학자 대니얼 카너먼은 우리가 의사 결정을 내릴 때 '빠른 직관적 사고'와 '느린 논리적 사고'라는 두 가지 사고 체계를 사용한다고 하였다. 습관이 형성되면 빠른 직관적 사고 체계에서 행동이 자동으로 실행되므로, 더 적은 에너지로 효율적인 행동을 할 수 있게 된다는 것이다.

그럼 좋은 습관을 만드는 데는 얼마나 걸릴까? 영국 런던 대학교의 실험 결과에 따르면, 새로운 습관을 형성하는 데 평균 66일이 걸린다고 한다. 따라서 목표를 이루기 위해서는 나날이 꾸준한 실천을 해야 한다. 작은 습관 하나가 오랜 시간 쌓여 큰 변화를 만들어 낸다. 좋은 습관을 꾸준히 실천하는 것이 중요한 이유이다.

20 'ㄴ' 첨가, 거센소리되기 알기

정답 및 해설 27쪽

● 'ㄴ' 첨가, 거센소리되기가 일어나는 단어가 들어간 문장을 찾고, 그중 세 문장을 필사해 보세요.

97쪽

"로봇이 내 숙제 좀 대신해 주면 좋지 않을까?"

인공 지능(AI)이 발전하면서 옛날에는 상상도 할 수 없었던 일들이 일어나고 있다. AI가 훨씬 빠르고 정확하게 할 수 있는 단순 반복 작업은 AI로 대체될 가능성이 크다.

그렇다고 AI가 모든 직업을 대체하는 것은 아니다. 창의적 사고나 감성적 소통이 필요한 직업은 여전히 인간의 영역으로 남을 것이다. 공감 능력이 중요한 상담사, 예술가, 교육자 등의 직업은 여전히 필요할 것이다. AI와 함께 일하며 새로운 가치를 창출하는 직업은 오히려 늘어날 것이다. 대표적인 미래 유망 직업으로 인공 지능 전문가가 있다. AI 데이터 분석가, AI 윤리 전문가, 로봇 공학자 등이 그것이다. 또한, 가상 현실(VR)과 증강 현실(AR)을 활용한 콘텐츠 제작자도 주목받고 있다.

앞일을 정확히 아는 것은 불가능하기 때문에 변화를 예측하고 전망하는 자세가 필요하다. 아무런 준비 없이 맨입으로 결실만을 얻으려는 자세는 적절하지 않다.

메모

달달 읽고 곰곰 생각하는

달곰한 문해력

NE 능률

달곰한 문해력 기본서

초등교사 100인 추천!
'3회독 학습법'으로
문해력 기본기를 다져요.

달곰한 문해력 초등 독해

초등 최초!
'주제 연결 독해법' 도입!
하나의 주제로 연결된
2개의 글을 읽어요.

기본기 강화!
교과 개념으로
문해력 강화

독해 강화!
분석력, 통합력,
사고력 강화

초등 문해력

문법 강화!
맞춤법,
문장력 강화

어휘 강화!
교과 학습
기본기 강화

달곰한 문해력 초등 문법

초등 필수 문법!
이야기로 재미있게 익히고
글쓰기로 자신감도 키워요.

달곰한 문해력 초등 어휘

'낱말밭 어휘 학습'으로
각 학년 필수 교과 어휘를
완성해요.

달곰한 문해력
초등 문법

쓰면서 익히는 **국어 문법**

정답 및 해설

6 단계

달곰한 문해력

초등 문법

쓰면서 익히는 국어 문법

정답 및 해설

01 고유어, 한자어, 외래어 알기

개념 확인   13쪽

1 토박이말   2 X   3 외래어

문법 개념 익히기   14쪽

1 한자어   2 외래어   3 고유어

4 대화, 예 우리 가족은 저녁 식사를 하며 대화를 많이 나눈다.

5 예감, 예 오늘은 좋은 일이 일어날 것 같은 예감이 들었다.

6 예 엘리베이터가 멈춰서 우리는 10층까지 걸어 올라갔다.

1 '친구'는 '가깝게 오래 사귄 사람.'이라는 뜻으로, '親 친할 친, 舊 옛 구'라는 한자로 이루어진 한자어입니다. 비슷한말로 고유어 '벗, 동무' 등이 있습니다.

2 '빵'은 '밀가루를 주원료로 하여 소금, 설탕, 버터, 효모 따위를 섞어 반죽하여 발효한 뒤에 불에 굽거나 찐 음식.'이라는 뜻으로, 포르투갈어 'pão'에서 들어온 외래어입니다.

3 '밤의 하늘'이라는 뜻의 '밤하늘'은 '밤'과 '하늘'이 결합한 합성어인데, 둘 다 우리말에 본디부터 있던 고유어입니다.

> **문법 설명** '합성어'는 둘 이상의 어근으로 이루어진 단어를 말합니다.
> 예 '손'(어근) + '발'(어근) ⇨ '손발'

4 '말'은 '사람의 생각이나 느낌 따위를 표현하고 전달하는 데 쓰는 음성 기호.'라는 뜻의 고유어입니다. '대화(對 대답할 대, 話 말할 화)'는 '마주 대하여 이야기를 주고받음.'이라는 뜻의 한자어로, 고유어 '말'보다 구체적인 말하기 상황을 나타내 줍니다.

5 '느낌'은 '몸의 감각이나 마음으로 깨달아 아는 기운이나 감정.'이라는 뜻의 고유어입니다. '예감(豫 미리 예, 感 느낄 감)'은 '무슨 일이 생길 것 같은 느낌.'이라는 뜻

의 한자어로, 고유어 '느낌'보다 구체적인 감정을 나타내 줍니다.

6 '엘리베이터'의 뜻에 해당하는 내용입니다. 앞에 제시된 문장과 자연스럽게 이어지는 내용으로 '엘리베이터'라는 단어를 넣어 문장을 완성해야 합니다.

바른 문장 쓰기   15쪽

1 ⓒ'물', 예 물의 소중함을 알리기 위해 '세계 물의 날'을 제정했다.

2 치료하는

3 예 미래 식량은 어떤 모습일지 상상해 보았다. 식용 곤충이 먹기 좋게 비스킷처럼 만들어져 어디서나 쉽게 접할 수 있는 아이들의 간식이 되었다. 소, 돼지, 닭과 같은 동물을 먹기 위한 목적으로는 키우지 않게 되면서 고기의 생산은 줄어들었다. 대신 고기의 맛을 내는 다양한 식재료가 등장하였고, 햄버거에도 고기 대신 콩으로 만든 패티를 쓰게 되었다. 그리고 김, 다시마, 미역 같은 해조류를 사용한 샐러드가 인기를 끌고 있다.

1 '물'이 고유어입니다.

> **문법 설명** '곤충(昆 맏 곤, 蟲 벌레 충)'은 한자어이고, 자극적인 냄새가 나는 기체인 '암모니아(ammonia)'는 외래어입니다.

2 '치료(治 다스릴 치, 療 병 고칠 료)하다'는 '병이나 상처 등을 잘 다스려 낫게 함.'이라는 뜻의 한자어입니다.

> **문법 설명** 고유어 '고치다'는 한자어인 '치료하다', '수리하다', '수선하다', '수정하다'와 비슷한말입니다.

3 이 글에서는 식용 곤충이 미래 식량으로 주목받고 있는 까닭 세 가지를 설명하였습니다. 미래의 우리 먹을거리는 어떤 모습일지 보기의 단어들과 연관 지어 생각해 봅니다.

> **문법 설명** 보기에 나타난 단어는 모두 외래어입니다. '비스킷(biscuit)', '샐러드(salad)', '햄버거(hamburger)' 모두 영어에서 들어온 음식 이름입니다.

02 다의어 알기

개념 확인   17쪽

1 다의어   **2** X

문법 개념 익히기   18쪽

1 (2) ○, 예 동생과 손을 잡고 길을 건넜다.

2 (2) ○, 예 어둑해진 저녁 무렵 친구를 만났다.

3 (1) 풀고   (2) 풀었다   (3) 풀어야(풀면)

4 (1) 먹고   (2) 먹었다   (3) 먹는

---

1 (1)은 '어떤 일을 하는 데 드는 사람의 힘이나 노력, 기술.', (2)는 '사람의 팔목 끝에 달린 부분.'이라는 뜻으로 쓰였습니다. (2)가 중심 의미이고 (1)이 주변 의미입니다.

> **문법 설명** 두 가지 이상의 뜻을 가진 다의어는 그 뜻이 서로 연결되어 중심 의미와 중심 의미에서 확장되어 생긴 주변 의미로 구분할 수 있습니다.

2 (1)은 '저녁에 끼니를 먹는 일.', (2)는 '해가 질 무렵부터 밤이 되기까지의 사이.'라는 뜻으로 쓰였습니다. (2)가 중심 의미이고 (1)이 주변 의미입니다.

3 빈칸에 공통으로 들어갈 단어는 '풀다'입니다. (1)은 '묶이거나 감기거나 얽히거나 합쳐진 것 등을 그렇지 아니한 상태로 되게 하다.', (2)는 '일어난 감정 등을 누그러뜨리다.', (3)은 '모르거나 복잡한 문제 등을 알아내거나 해결하다.'라는 뜻으로 쓰였습니다. (1)이 중심 의미이고 (2), (3)이 주변 의미입니다.

4 빈칸에 공통으로 들어갈 단어는 '먹다'입니다. (1)은 '음식 등을 입을 통하여 뱃속에 들여보내다.', (2)는 '어떤 마음이나 감정을 품다.', (3)은 '구기 경기에서, 점수를 잃다.'라는 뜻으로 쓰였습니다. (1)이 중심 의미이고 (2), (3)이 주변 의미입니다.

바른 문장 쓰기   19쪽

1 (1) 「5」 (2) 「1」

2 예 햇빛에 눈이 부셔 얼굴을 찡그렸다. / 얼굴을 씻었다. / 얼굴이 탔다.

3 예 얼굴이기도 하다. 단순히 화폐의 기능만 하는 것이 아니라 그 나라를 대표하는 인물을 담은 예술품이기도 하기 때문이다. 다만 화폐에 담긴 얼굴 표정을 다양하게 하여 기쁜 얼굴, 심각한 얼굴, 겁먹은 얼굴 등으로 그리면 더 재미있을 것 같다는 생각이 들었다.

---

1 ㉠의 '얼굴'은 「5」 어떤 사물의 진면목을 보여 주는 대표적인 상징.'이라는 뜻으로 쓰였고, ㉡의 '얼굴'은 「1」 눈, 코, 입이 있는 머리의 앞면.'이라는 뜻으로 쓰였습니다.

> **문법 설명** 다의어는 문맥을 통해 어떤 뜻으로 쓰였는지 구분할 수 있습니다.

2 '얼굴'의 중심 의미에 해당하는 「1」의 뜻이 담긴 문장인지 확인해 봅니다.

> **문법 설명** 보기에서 「1」이 '얼굴'의 중심 의미이고, 「2」~「5」는 중심 의미에서 확장되어 생긴 주변 의미입니다.

3 보기에 나타난 '얼굴'의 다양한 뜻을 활용하여 화폐에 대한 자신의 생각을 쓸 수 있습니다.

> **문법 설명** 예시 답안의 첫 문장에는 「5」 어떤 사물의 진면목을 보여 주는 대표적인 상징.'의 뜻을 가진 '얼굴'이 쓰였고, 마지막 문장에는 '기쁜 얼굴, 심각한 얼굴, 겁먹은 얼굴'과 같이 「3」 어떤 심리 상태가 나타난 표정.'의 뜻을 가진 '얼굴'이 쓰였습니다.

03 동음이의어 알기

개념 확인   21쪽

1 동음이의어   **2** ○

문법 개념 익히기   22쪽

1 (1) ㉠ 바람¹ (2) ㉡ 바람²

2 (1) ㉡ 밤² (2) ㉠ 밤¹

3 예 점심을 굶었더니 배가 많이 고팠다. / 내가 아기였을 때 배를 볼록 내밀고 찍은 사진이 있다.

4 예 배를 타고 섬에 갔다. / 항구로 들어오는 배를 보았다.

5 예 깎아 놓은 배를 먹었다. / 올해는 배가 달다.

1 (1) '세게 불어서'라는 내용을 통해 '바람¹'의 뜻으로 쓰였다는 것을 알 수 있습니다.
(2) '우리 가족 모두가 건강한 것'이라는 내용을 통해 '바람²'의 뜻으로 쓰였다는 것을 알 수 있습니다.

> **문법 설명** 다의어와 마찬가지로 동음이의어 역시 문맥을 통해 어떤 뜻으로 쓰였는지 구분할 수 있습니다.

2 (1) '가을에 줍는' 것은 '밤²'입니다.
(2) '혼자 으슥한 산길을 걷는데 너무 무서운 상황'과 어울리는 것은 '밤¹'입니다.

3 '사람의 배'를 뜻하는 '배'를 넣어 자연스러운 문장을 만들어 봅니다.

> **문법 설명** 동음이의어는 소리만 같을 뿐 단어의 뜻은 서로 아무런 관련이 없는 각기 다른 단어입니다.

4 '타는 배'라는 뜻으로 쓰인 '배'를 넣어 자연스러운 문장을 만들어 봅니다.

5 '먹는 배'를 뜻하는 '배'를 넣어 자연스러운 문장을 만들어 봅니다.

바른 문장 쓰기   23쪽

1 (1) ① (2) ③ (3) ②

2 (1) 음식물의 짠 정도. 등
(2) 사람이나 동물의 배 속에 있으면서 소화를 돕고 피를 맑게 거르는 일을 하는 장기. 등

3 아빠는 눈을 질끈 (감고) 남은 국물을 후루룩 마셨다. 그리고 얼른 자리를 피해 욕실로 가서 머리를 (감는다.)
⇨ '감고': 눈꺼풀을 내려 눈동자를 덮고. 등
⇨ '감는다': 머리나 몸을 물로 씻는다. 등

1 (1) '김밥을 말고'에서 ㉠'말고'는 '넓적한 물건을 돌돌 감아 원통형으로 겹치게 하고.'라는 뜻입니다.
(2) '먹다 말고'에서 ㉡'말고'는 '어떤 일이나 행동을 하지 않거나 그만두고.'라는 뜻입니다.
(3) '라면 국물에 밥을 말고'에서 ㉢'말고'는 '밥이나 국수 등을 물이나 국물에 넣어서 풀고.'라는 뜻입니다.

> **문법 설명** '말다'는 소리는 같으나 뜻이 서로 아무 관련이 없는 동음이의어입니다.

2 (1) '간이 세다'는 매우 짜다는 뜻입니다.
(2) 짜게 먹으면 사람의 장기인 '간'에 부담을 준다는 내용입니다.

> **문법 설명** '간'은 동음이의어이면서 다의어입니다. ㉣'음식물의 짠 정도.'를 나타내는 '간'의 뜻은 주변 의미이고, 중심 의미는 '음식물에 짠맛을 내는 물질. 소금, 간장, 된장 등을 통틀어 이른다.'입니다.

3 소리가 같은 두 단어를 찾으며 ㉮ 부분을 읽어 봅니다. 동사 '감다'는 '감고', '감는다', '감지', '감아', '감으니'와 같이 활용합니다.

> **문법 설명** 동사와 형용사의 형태가 변하는 것을 '활용'이라고 합니다. 기본형인 '먹다'는 문장에서 '먹고, 먹는, 먹어, 먹으니' 등으로 활용하여 쓰입니다.

04 전문어, 차별 표현 알기

개념 확인   25쪽

1 ○   **2** 손모아장갑, 엄지장갑 등

문법 개념 익히기   26쪽

1 럽처, 엔세이드

2 파열, 약(소염 진통제) 등

3 "나도 이모처럼 멋진 (여군)이 될 거야!"
    ⇨ "나도 이모처럼 멋진 군인이 될 거야!"

4 "이 (반팔)티셔츠가 나한테 잘 어울리는지 봐 줘."
    ⇨ "이 반소매 티셔츠가 나한테 잘 어울리는지 봐 줘."

5 "손가락장갑보다 (벙어리장갑)이 따뜻해."
    ⇨ "손가락장갑보다 손모아장갑이 따뜻해."

1 '럽처(rupture)'는 '파열'이라는 뜻의 영어입니다. '엔세이드(NSAID)'는 '일상적인 통증을 조절해 주고 염증을 완화하는 데 사용되는 약물.'입니다.

> **문법 설명** 의학 용어에 영어가 많은 까닭은 의학이 서양에서 들어온 학문이고, 병원에서 사용하는 의학 용어는 국제적인 의사소통 수단이기 때문입니다.

2 의사가 환자에게는 알기 쉽게 설명을 하고, 간호사에게는 전문어를 사용하여 처방을 하였습니다.

3 '여군'이라는 말보다 '군대에서 복무하는 사람.'을 뜻하는 '군인'이라고 표현하는 것이 좋습니다.

4 '반팔'은 팔 길이에 따른 신체적 특징을 업신여겨 낮추는 것으로 받아들일 수 있으므로 '반소매'라고 표현하는 것이 적절합니다. 반대말은 '긴소매'입니다.

5 '손가락장갑'은 '다섯 개의 손가락을 각각 넣을 수 있게 만든 장갑.'을 말하고, '손모아장갑'은 '엄지손가락만 따로 가르고 나머지 네 손가락은 함께 끼게 되어 있는 장갑.'을 말합니다. '벙어리'는 말을 제대로 하지 못하는 사람과 언어 장애인을 업신여겨 낮추는 표현입니다.

바른 문장 쓰기   27쪽

1 ⑴ 등산 초보자 등 ⑵ 요리 입문자 등

2 전문어

3 예 명절에 성묘를 갔다가 집으로 돌아오는 길이 너무 막히자 아빠께서 "도로가 교통마비 상태로구만."이라고 말씀하셨다. 교통 기관이 제구실을 하지 못하는 상태를 '마비'라고 표현하는 것은 장애가 부정적이라는 인식을 주기 때문에 '교통 체증'이나 '교통 혼잡' 등의 표현으로 대체하여 사용해야 한다.
예 신발을 사러 갔다가 동생이 둘 중 하나를 고르지 못하고 망설이길래 동생에게 "결정 장애니?"라고 말했다. 그 말을 들으신 엄마께서 '장애'라는 표현에는 차별적인 의미가 담겨 있으므로 우유부단하다고 말하거나 기다려 줄 줄도 알아야 한다고 말씀하셨다.

1 '-린이'는 '초보자', '입문자'라고 바꾸어 표현할 수 있습니다. '초보자'는 '학문이나 기술 등을 익힐 때 그 처음 단계나 수준에 있는 사람.'을 뜻하는 말이고, '입문자'는 '무엇을 배우는 길에 처음 들어서는 사람.'을 뜻하는 말입니다.

2 '라포르(rapport)'는 '사람과 사람 사이에 생기는 상호 신뢰 관계.'를 뜻하는 말이고, '자기 효능감'은 '특정한 상황에서 자신이 적절한 행동을 함으로써 문제를 해결할 수 있다고 믿는 기대감.'이라는 뜻입니다.

> **문법 설명** 전문어는 복잡하고 어려운 내용을 간결하고 정확하게 전달할 수 있습니다.

3 이 글은 어린이에 대한 편견과 고정 관념을 키우는 차별 표현에 대해 말하였습니다. 우리가 무심코 사용하는 차별 표현에는 또 어떤 것이 있는지 생각해 보고, 잘못된 표현을 알맞은 표현으로 고쳐 사용할 수 있도록 합니다.

⃝5 줄임말, 새말 알기

개념 확인 29쪽

1 X   **2** 새말

문법 개념 익히기 30쪽

1 띵작   **2** 노잼   **3** 센캐

4 둘레길을 따라 한 바퀴 돌면 울릉도의 다양한 풍경을 감상할 수 있다.

5 • 텀블러 ➡ 예 통잔(손잡이가 없고 바닥이 납작한 큰 잔.)
  • 뮤지컬 ➡ 예 노래 연극(음악과 노래, 무용을 포함한 연극.)
  • 스마트폰 ➡ 예 똑똑 전화(생활에 필요한 대부분의 일을 할 수 있는 전화.)

1 '띵작'뿐만 아니라 '띵언', '띵곡' 등으로 쓰입니다. '띵언'은 '명언', '띵곡'은 '명곡'을 뜻합니다.

2 '노잼'의 반대말로 매우 재미있다는 뜻의 '꿀잼'이 있습니다.

3 '센캐'는 '세다'와 '캐릭터(character)'가 합쳐진 말로, '캐릭터'는 '작품 내용 속에서 드러나는 인물의 개성과 이미지.'라는 뜻입니다.

> **문법 설명** 이와 같이 온라인에서 생겨나는 줄임말이나 새말은 간결한 언어 표현으로 대화에 재미를 주고, 또래 친구들과의 유대감과 공감대를 형성합니다. 하지만 그 뜻이 직관적이지 않아 세대 간의 의사소통을 어렵게 한다는 문제점이 있습니다.

4 '섬 둘레를 걷기 좋게 조성한 길.'을 뜻하는 새말은 '둘레길'입니다.

5 '텀블러(tumbler)', '뮤지컬(musical)', '스마트폰(smartphone)'은 외국어에서 빌려와 우리말이 된 외래어입니다.

바른 문장 쓰기 31쪽

1 예 매운 음식을 못 먹는 줄 알았으면 다른 데를 갈 걸 그랬다.

2 예 '맵찔이'는 '맵다'와 '찌질이'가 합쳐진 말이라 그런지 보잘것없고 못난 사람이라는 느낌이 들고, '맵부심'은 '맵다'와 '자부심'이 합쳐진 말로 매운 음식을 잘 먹는 것을 자랑스러워하는 느낌이 든다.

3 • '불닭' ➡ 예 닭고기를 아주 맵게 맛을 낸 양념에 버무려 볶은 음식.
  • '맵단' ➡ 예 음식이 매우면서도 단맛이 날 때 쓰는 말.
  • '단짠' ➡ 예 음식이 달면서 짠맛이 날 때 쓰는 말.
  • '낙곱새' ➡ 예 낙지, 곱창, 새우에 육수를 붓고, 채소와 양념장을 넣어 끓인 음식.

1 매운 음식을 먹고 배가 아파서 쩔쩔매는 친구에게 해 줄 수 있는 위로하는 말이나 걱정하는 말을 떠올려 씁니다.

> **문법 설명** '오나전'과 '캐안습'은 새말에 해당합니다. '오나전'은 '완전'이라는 말을 자판을 빠르게 치면서 생긴 오타에서 비롯된 말이고, '캐안습'은 '매우'라는 뜻으로 쓰는 '캐-'와 한자 '눈 안(眼), 축축할 습(濕)'이 합쳐져 '매우 안타깝거나 불쌍하여 눈물이 난다.'라는 뜻으로 씁니다.

2 '맵찔이'는 매운 음식을 잘 먹지 못하는 사람을 무시하는 말이고, '맵부심'은 매운 음식을 잘 먹는 것에 대하여 자부심이 있음을 이르는 말입니다.

3 음식이나 맛과 관련된 줄임말에는 **보기**의 단어들 외에도 '꿀맛(꿀처럼 맛있다), 부먹찍먹(부어 먹기 찍어 먹기), 겉바속촉(겉은 바삭하고 속은 촉촉하다)' 등이 있습니다.

◯6 체언(명사, 대명사, 수사) 알기

개념 확인   35쪽

1 명사   **2** 대명사   **3** X

문법 개념 익히기   36쪽

1 (1) 나비, 운동화, 행복   (2) 너, 이것, 우리

2 (1) 초콜릿 (2) 냉장고

3 (1) 삼, 사, 칠, 하나, 둘   (2) 첫째, 둘째

4 (1) 태권도   (2) 둘

---

1 '나비, 운동화, 행복'은 대상의 이름을 나타내는 명사이고, '너, 이것, 우리'는 대상의 이름을 대신하여 나타내는 대명사입니다.

> **문법 설명** '나비, 운동화, 행복'은 같은 종류의 모든 사물에 두루 쓰이는 보통 명사입니다.
> '너, 우리'는 사람을 가리키는 인칭 대명사이고, '이것'은 어떤 대상을 이르는 지시 대명사입니다.

2 '이거'와 '여기'가 대신하여 나타내는 대상은 문장의 앞에 나온 '초콜릿'과 '냉장고'입니다.

> **문법 설명** '이거'는 '초콜릿'이라는 대상을 이르는 지시 대명사이고, '여기'는 '냉장고'라는 장소를 이르는 지시 대명사입니다.

3 수사가 수량을 나타내는지 순서를 나타내는지 구분해 봅니다.

> **문법 설명** '수사'에는 '양수사'와 '서수사'가 있습니다.
>
> | | 양수사 | 서수사 |
> |---|---|---|
> | 뜻 | 수량을 셀 때 쓰는 수사. | 순서를 나타내는 수사. |
> | 예 | 하나, 둘, 셋 | 첫째, 둘째, 셋째 |

4 **보기**의 단어에서 '그곳'과 '누구'는 대명사이고, '태권도'가 명사, '둘'이 수사입니다.

바른 문장 쓰기   37쪽

1 (1) ㉠ '북극곰', ㉡ '펠릭스'
     (2) ㉣ '그'   (3) ㉢ '백만'

2 전 세계인

3 예 • 종이와 휴지 아껴 쓰기
     • 우리 집과 가까운 곳 걸어 다니기
     • 일회용품 하나도 함부로 사용하지 않기
     • 음식물 쓰레기 줄이기

---

1 체언을 종류에 맞게 분류해 봅니다.

> **문법 설명** '북극곰'은 보통 명사, '펠릭스'는 고유 명사입니다. '그'는 사람을 가리키는 인칭 대명사이고, '백만'은 수량을 나타내는 양수사입니다.

2 '우리'는 말하는 이가 자기와 듣는 이, 또는 자기와 듣는 이를 포함한 여러 사람을 가리키는 인칭 대명사로, 이 글에서는 앞 문장에 나온 '전 세계인'을 가리킵니다.

3 이 글은 지구 온난화로 북극곰이 살 곳이 사라져 간다는 뉴스를 보고 북극곰을 위해 나무 백만 그루를 심기로 한 펠릭스에 대한 이야기입니다. 지구를 지키기 위해 우리가 실천할 수 있는 일을 자유롭게 떠올려 써 봅니다.

> **문법 설명** 예시 답안에서 체언을 찾아봅시다.
> • 종이와 휴지 아껴 쓰기
>   명사   명사
> • 우리 집과 가까운 곳 걸어 다니기
> 대명사 명사   명사
> • 일회용품 하나도 함부로 사용하지 않기
>   명사   수사
> • 음식물 쓰레기 줄이기
>   명사   명사

○7 용언(동사, 형용사) 알기

1 '높다'는 '아래에서 위까지의 길이가 길다.'라는 뜻을 가진 형용사입니다.

> **문법 설명** 동사와 형용사를 구분할 때에는 기본형으로 바꾼 뒤 '-는다/-ㄴ다'를 붙여 봅니다.
> '높는다(×), 씻는다(○), 시원한다(×), 뛰어든다(○), 뾰족한다(×), 넘어진다(○)' ⇨ '-는다/-ㄴ다'를 붙였을 때 자연스러우면 동사, 붙일 수 없으면 형용사입니다.

2 '씻다'는 '물이나 휴지 등으로 때나 더러운 것을 없게 하다.'라는 뜻을 가진 동사입니다.

3 '시원하다'는 '덥거나 춥지 아니하고 알맞게 서늘하다.', '막힌 데가 없이 활짝 트이어 마음이 후련하다.', '답답한 마음이 풀리어 흐뭇하고 가뿐하다.' 등의 뜻을 가진 형용사입니다.

> **문법 설명** '시원하다'는 '덥거나 춥지 아니하고 알맞게 서늘하다.'라는 중심 의미와 그에 관련된 주변 의미를 가지는 다의어입니다.

4 '뛰어들다'는 '높은 데에서 물속으로 몸을 던지다.'라는 뜻을 가진 동사입니다.

5 '뾰족하다'는 '물체의 끝이 점차 가늘어져서 날카롭다.'라는 뜻을 가진 형용사입니다.

6 '넘어지다'는 '사람이나 물체가 한쪽으로 기울어지며 쓰러지다.'라는 뜻을 가진 동사입니다.

1 (1) 움직임을 나타내는 단어는 동사이고, (2) 상태나 성질을 나타내는 단어는 형용사입니다.

> **문법 설명** 동사와 형용사를 구분할 때에는 명령형이나 청유형으로 바꾸어 보는 방법도 있습니다. 형용사는 명령을 나타내는 어미 '-아라/-어라', 청유를 나타내는 어미 '-자'와 함께 쓸 수 없습니다.
> ㉠ '지르다' → '질러라, 지르자' (○) ⇨ 동사
> ㉡ '나서다' → '나서라, 나서자' (○) ⇨ 동사
> ㉢ '무겁다' → '무거우라, 무겁자' (×) ⇨ 형용사
> ㉣ '죄송하다' → '죄송하라, 죄송하자' (×) ⇨ 형용사

2 '짜증을 부리다, 짜증을 내다'라고 쓸 수 있습니다. '부리다'는 '행동이나 성질 등을 계속 드러내거나 보이다.'라는 뜻을 가진 동사이고, '내다'는 '감정을 가지게 하거나 드러나게 하다.'라는 뜻을 가진 동사입니다.

3 '사랑하다'는 '어떤 사람이나 존재를 몹시 아끼고 귀중히 여기다.'라는 뜻을 가진 동사이고, 나머지는 형용사입니다. 따라서 '사랑하다'를 넣어 엄마께 마음을 전하는 쪽지를 써 봅니다.

> **문법 설명** '고맙다, 죄송하다, 부끄럽다'는 '고맙는다(×), 죄송한다(×), 부끄럽는다(×)'처럼 기본형에 '-는다/-ㄴ다'를 붙일 수 없으므로 형용사입니다.
> '사랑하다'는 '-ㄴ다'를 붙여 '사랑한다'라고 쓸 수 있습니다.

ⓞ8 수식언(관형사, 부사) 알기

1 관형사　　　　**2** 용언

1 (1) 나는 새책을 샀다.
　(2) 이노래가 내가 좋아하는 노래다.
　(3) 엄마가 헌옷을 수거함에 버리셨다.
　(4) 관형사

2 (1) 날씨가 무척덥다.
　(2) 약속을 꼭지킵시다.
　(3) 시아는 표정이 늘밝다.
　(4) 부사

3 (1) 오늘 비가 오지는 않겠지?
　(2) 빨리

4 (1) 예 어떤 모양이니? / 어떤 색이니?
　(2) 예 맨 앞에 섰다. / 맨 끝에 섰다. / 어떤 위치에 섰을까?

5 (1) 예 무척 비슷하다. / 무척 다르다.
　(2) 예 쨍쨍 내리쬔다. / 무척 뜨거웠다.

1 (1) '새'는 '책'이 '어떤' 책인지, (2) '이'는 '노래'가 '어떤' 노래인지, (3) '헌'은 '옷'이 '어떤' 옷인지 꾸며 주는 관형사입니다.
　(4) '새'와 '헌'은 대상의 성질이나 상태를 나타내는 성상 관형사이고, '이'는 특정한 대상을 가리키는 지시 관형사입니다.

2 (1) '무척'은 날씨가 '어느 정도' 더운지, (2) '꼭'은 약속을 '어떻게' 지켜야 하는지, (3) '늘'은 표정이 '얼마나 자주' 밝은지 꾸며 주는 부사입니다.

> **문법 설명** 관형사는 체언을 꾸며 주는 단어이고, 부사는 주로 용언을 꾸며 주는 단어입니다. 관형사와 부사는 문장에서 다른 것을 수식해 주기 때문에 수식언이라고 합니다.

3 (1) 부사 '설마'는 문장 전체를 꾸며 주고 있습니다.
　• '설마' ⇨ 그럴 리는 없겠지만.

---

　(2) 부사 '가장'은 부사 '빨리'를 꾸며 주고 있습니다.

> **문법 설명** (1) 설마 오늘 비가 오지는 않겠지?
> 　　　　　└──── 문장 전체를 꾸며 주는 부사
> (2) 우리 반에서 하윤이가 가장 빨리 달린다.
> 　　　　　　　　　　　└─── 부사 '빨리'를 꾸며 주는 부사

4 관형사는 체언을 꾸며 주기 때문에 **보기**의 관형사 뒤에는 체언이 와야 합니다.

5 부사는 용언을 꾸며 주기 때문에 **보기**의 부사 뒤에는 동사나 형용사가 와야 합니다.

> **문법 설명** '쨍쨍'과 같이 모양을 흉내 내는 말은 부사에 해당합니다.

1 (1) 새끼줄로 묶인 지붕과 ㉠옆의 까만 돌담이 정말 예뻤다.
　(2) 양이 푸짐해서 ㉡온 가족이 배불리 먹었다.

2 (1) 부사
　(2) '붐빈다'라는 용언을 꾸며 주고 있기 때문이다.

3 예 여행의 좋은 점은 새로운 곳에서 먹고 보고 즐기는 모든 것이 나의 경험으로 쌓여 나를 더욱 발전시킨다는 것이다.

---

1 (1) ㉠ 문장의 '그'는 뒤에 오는 체언 '옆'을 꾸며 주는 관형사이고, '정말'은 뒤에 오는 용언 '예뻤다'를 꾸며 주는 부사입니다.
　(2) ㉡ 문장의 '온'은 뒤에 오는 체언 '가족'을 꾸며 주는 관형사이고, '배불리'는 뒤에 오는 용언 '먹었다'를 꾸며 주는 부사입니다.

2 (1) '늘'은 '계속하여 언제나.'라는 뜻의 부사입니다.
　(2) 부사는 주로 용언의 앞에 위치하여 용언의 뜻을 분명하게 해 줍니다. '늘'은 성산 일출봉이 '얼마나 자주' 붐비는지 꾸며 주고 있습니다.

3 여행한 경험을 떠올리며, 여행하면서 좋았던 점을 관형사나 부사를 넣은 문장으로 정리해 봅니다. 예시 답안에서 '모든'은 관형사, '더욱'은 부사입니다.

ⓞ9 관계언(조사), 독립언(감탄사) 알기

개념 확인   47쪽

1 조사   2 ○

문법 개념 익히기   48쪽

1 나(는)친구(와)도서관(에서)만났다.
   ⇨ 나는 친구와 도서관에서 만났다.

2 학교(에서)집(까지)가는 지름길(을)발견하였다.
   ⇨ 학교에서 집까지 가는 지름길을 발견하였다.

3 와

4 (1) 앗 (2) 그래 (3) 네

바른 문장 쓰기   49쪽

1 친구가 밥상을 차렸는데, 반찬이 김치와 풋성귀뿐
   이었다.

2 (1) 여보게 (2) 이런 (3) 응

3 **예** 김 선생의 "닭 타고 가면 되지." 하는 말에 저절
   로 웃음이 났다. 속으로는 친구의 대접이 서운하
   지만, 친구에게 직접 말하지 않고 스스로 깨닫도록
   돌려 말하는 것에서 재치가 느껴졌다. 내가 김 선
   생의 친구라면 "아이고, 미안하네. 내가 닭이 있는
   데도 대접을 소홀하게 했구먼." 하고 사과했을 것
   이다.

---

1 조사 '는', '와', '에서'는 문장에서 홀로 쓰일 수 없고 체
언에 붙어 사용되는 말입니다.

> **문법 설명** 국어는 문장의 각 단어를 띄어 쓰는 것을 원칙으로
> 합니다. 조사는 단어이지만 자립성이 없어서 예외적으로 앞말
> 에 붙여 씁니다.

2 조사 '에서', '까지', '을'은 체언에 붙여 씁니다.

> **문법 설명** 조사는 주로 체언에 붙어서 그 말과 다른 말의 문법
> 적 관계를 나타내거나, 특별한 뜻을 더해 줍니다.
> '와', '에서', '을'은 문법적 관계를 나타내 주는 격 조사이고,
> '는', '까지'는 어떤 특별한 뜻을 더해 주는 보조사입니다.

3 감탄사 '와'는 '뜻밖에 기쁜 일이 생겼을 때 내는 소리.'
로 놀람이나 느낌을 나타낼 때 씁니다.

4 (1) 감탄사 '앗'은 '놀랐을 때 지르는 외마디 소리.'로 놀
람이나 느낌을 나타낼 때 씁니다.
(2) 감탄사 '그래'는 '긍정하는 뜻으로 대답할 때 쓰는
말.'로 응답을 나타낼 때 씁니다.
(3) 감탄사 '네'는 '윗사람이 명령하는 말에 동의하여 대
답할 때 쓰는 말.'로 응답을 나타낼 때 씁니다.

> **문법 설명** 감탄사는 말하는 이의 놀람이나 느낌, 부름, 응답 등
> 을 나타내는 단어로, 문장에서 독립적으로 쓰일 수 있습니다.

1 조사 '이/가'는 앞에 오는 말이 문장에서 주어의 자격을
가지게 하고, 조사 '을'은 앞에 오는 말이 문장에서 목적
어의 자격을 가지게 합니다. 모두 문법적 관계를 나타
내는 격 조사입니다. 그리고 조사 '와'는 두 단어를 같은
자격으로 이어 주는 접속 조사입니다.

> **문법 설명** 조사 '과/와', '하고', '나', '랑' 등은 둘 이상의 단어
> 를 같은 자격으로 이어 주는 구실을 하기 때문에 '접속 조사'라
> 고 합니다.

2 (1) 감탄사 '여보게'는 '가까이 있는 사람을 부를 때 쓰는
말.'로 부름을 나타낼 때 씁니다.
(2) 감탄사 '이런'은 '뜻밖에 놀라운 일을 들었을 때 하는
말.'로 놀람이나 느낌을 나타낼 때 씁니다.
(3) 감탄사 '응'은 '대등한 관계에 있는 사람의 부름에 응
할 때 쓰는 말.'로 응답을 나타낼 때 씁니다.

3 이 글은 친구의 인색한 대접을 재치 있는 말로 해결한
옛이야기입니다.

> **문법 설명** 예시 답안에는 '아이고'라는 감탄사가 쓰였습니다.
> • '아이고' ⇨ 탄식할 때 내는 소리.

10 품사의 특성과 활용

개념 확인   51쪽

1 명사   **2** 수 관형사

문법 개념 익히기   52쪽

1 수사   **2** 수 관형사

3 화재가 발생하면 현관문을 부수고 들어가는 등

4 항의하였다 등

5 통제합니다 / 통제하고 있습니다 등

1 대상의 수량을 나타내는 '열'은 뒤에 조사 '이'와 결합하여 쓰였으므로 수사입니다. '일곱'과 '셋'도 수사입니다.

2 대상의 수량을 나타내는 '열'은 뒤에 오는 체언 '길'을 꾸며 주고, 조사와 결합하여 쓰이지 않았으므로 수 관형사입니다. '한' 역시 수 관형사입니다.

> **문법 설명** 수사와 수 관형사는 공통적으로 수량이나 순서를 나타냅니다. 그러나 수 관형사는 뒤에 오는 체언을 꾸며 주고, 조사와 결합하지 않는다는 점에서 수사와 구별됩니다.

3 소방관이 어떤 일을 하는지 **보기**의 단어를 사용하여 핵심 정보만 간결하게 써 봅니다.

> **문법 설명** 명사가 많이 쓰인 글은 내용을 간결하게 압축하여 제시하는 효과가 있지만, 상황에 따라 의미를 명확하게 전달하지 못할 우려가 있습니다.

4 소방관이 문을 부순 것에 대하여 시민이 항의하였다는 내용으로 문장을 완성할 수 있습니다.

> **문법 설명** 동사를 주로 사용한 글은 문장의 의미가 분명하게 드러나는 효과가 있지만, 문장의 길이가 길어질 수 있습니다. 또 동사를 쓴 문장은 일반적으로 동사의 주체를 밝혀야 자연스러운 문장이 됩니다.

5 오늘 열릴 행사로 인해, 행사장 주변의 교통을 통제한다는 내용으로 문장을 완성할 수 있습니다.

바른 문장 쓰기   53쪽

1 (1) 가지 (2) 는 (3) 수사

2 **예** 2. 진로 골든벨 – 새로운 직업에 대한 탐구
3. 내 꿈 그리기 – 20년 뒤의 내 직업

3 (1) **예** 첫째 프로그램인 '초청 학부모 강연'에 참여하고 싶다.
(2) **예** "내가 좋아하는 일을 직업으로 삼을 수 있을까?"라는 강연 주제에 대한 답이 궁금하기 때문이다. 나는 꿈이 수의사인데, 수의사가 되기 위해 어떤 노력을 해야 하고, 무엇을 준비해야 하는지 알고 싶다.

1 관형사는 뒤에 오는 체언을 꾸며 주는 역할을 합니다. ㉠의 '세'는 수 관형사로, 뒤에 오는 '가지'를 꾸며 줍니다. ㉡의 '첫째'는 수사로, 체언이기 때문에 조사 '는'이 결합하여 쓰였습니다.

> **문법 설명** '세'는 수사로 쓰이지 못하지만, '첫째'는 수 관형사로도 쓰일 수 있습니다.
> **예** 첫째 시간이 국어였다.
> '첫째'는 명사 '시간'을 꾸며 주는 관형사

2 이 글은 '하늘 초등학교 6학년, 진로 탐색 캠프 운영'에 대한 기사문입니다. 기사문은 실제로 일어난 일을 사람들에게 객관적으로 전달하는 글로, 다양한 정보를 담고 있습니다. 기사문의 핵심 정보를 명사로 짧게 표현하였을 때 얻을 수 있는 효과를 생각하며 '진로 탐색 캠프'의 세 가지 프로그램 내용을 요약해 봅니다.

3 '진로 탐색 캠프'의 세 가지 프로그램 내용 중 내가 참여하고 싶은 것을 골라 왜 참여하고 싶은지 정리해 봅니다. 예시 답안에서는 마지막 문장을 '알아봐야겠다'라는 동사로 끝맺었습니다.

11 이어진 문장 알기

개념 확인　　　　　　　　　　　57쪽

1 대등하게　　　　2 X

문법 개념 익히기　　　　　　　58쪽

1 먹어서　　　2 되면　　　3 좋아하고

4 (1) 동생은 기분이 좋지 않았지만 나는 기분이 좋았다.
　(2) 대등하게(○)

5 (1) 눈사람을 만들 수 없으면 눈이 쌓이지 않는다.
　(2) 종속적으로(○)

1 '단것을 많이 먹어서 이가 썩었다.'는 종속적으로 이어
진문장입니다. '-어서'는 원인의 뜻을 가진 연결 어미입
니다.

> 문법 설명 종속적으로 이어진문장은 앞 문장에 뒤 문장이 딸려
> 붙는 의미 관계로 이어졌기 때문에 앞뒤 문장의 순서를 바꾸면
> 의미가 통하지 않습니다.
> ⇨ '이가 썩어서 단것을 많이 먹었다.' (×)

2 '체육 시간이 되면 날아다니는 친구가 있다.'는 종속적
으로 이어진문장입니다. '-면'은 조건의 뜻을 가진 연결
어미입니다.
　⇨ '날아다니는 친구가 있으면 체육 시간이 된다.' (×)

3 '한결이는 풍경 사진을 좋아하고 하윤이는 인물 사진
을 좋아한다.'는 대등하게 이어진문장입니다.

> 문법 설명 대등하게 이어진문장은 앞 문장과 뒤 문장이 대등
> 한 의미 관계로 이어졌기 때문에 앞뒤 문장의 순서를 바꿔도 의
> 미가 달라지지 않습니다.
> ⇨ '하윤이는 인물 사진을 좋아하고 한결이는 풍경 사진을 좋아
> 한다.' (○)

4 '나는 기분이 좋았지만 동생은 기분이 좋지 않았다.'는
'나는 기분이 좋았다.'와 '동생은 기분이 좋지 않았다.'
가 대등한 의미 관계로 이어진 문장입니다.

5 '눈사람을 만들 수 없으면 눈이 쌓이지 않는다.'는 의미
가 통하지 않는 문장입니다.

> 문법 설명 '눈이 쌓이지 않으면 눈사람을 만들 수 없다.'는 '눈
> 이 쌓이지 않는다.'에 조건의 뜻을 가진 연결 어미 '-으면'을 사
> 용하여 '눈사람을 만들 수 없다.'가 딸려 붙는 의미 관계로 이어
> 졌기 때문에 종속적으로 이어진문장입니다.

바른 문장 쓰기　　　　　　　59쪽

1 이지만

2 (1) 장내 미생물이 잘 살게 하다.
　(2) 장내 환경을 좋게 만들어야 한다.

3 예 우리 눈에 보이지는 않지만 없어서는 안 될 중
요한 존재로 공기가 있다. 공기는 우리 몸에 산소
를 공급하고 식물에게는 이산화 탄소를 공급한다.
공기가 없으면 생명체는 살아갈 수 없다. 따라서
공기가 오염되지 않도록 노력해야 한다.

1 '이들은 눈으로는 볼 수 없는 아주 작은 생물이다.'와
'이들은 우리 몸에서 여러 가지 중요한 역할을 한다.'는
대등한 의미 관계로 이을 수 있습니다.

> 문법 설명 보기의 '-이어서'와 '-이려고'는 종속적으로 이어진
> 문장을 만드는 연결 어미입니다. '눈으로는 볼 수 없는 아주 작은
> 생물이어서 우리 몸에서 여러 가지 중요한 역할을 하는 것'도
> 아니고, '눈으로는 볼 수 없는 아주 작은 생물이려고 우리 몸에서
> 여러 가지 중요한 역할을 하는 것'도 아니기 때문에 ㉠의 두 문
> 장은 '-이지만'을 사용하여 대등하게 이어진문장으로 연결하
> 여야 합니다.

2 ㉡은 조건의 뜻을 가진 연결 어미 '-면'을 사용하여 종
속적으로 이어진문장입니다.

3 예시 답안에는 '-지만', '-고'라는 연결 어미를 사용한
대등하게 이어진문장과 '-면'이라는 연결 어미를 사용
한 종속적으로 이어진문장이 나타나 있습니다.

12 명사절을 가진 안은문장 알기

개념 확인 61쪽

1 ○   **2** 주어

문법 개념 익히기 62쪽

1 지유는 <u>관심이 멀어졌음</u>이 분명하다.

2 나는 공원에서 <u>친구가 오기</u>를 기다렸다.

3 감정 로봇은 눈썹만 움직여 <u>표정이 몹시 화남</u>이 되었다.

4 (1) 우리는 바랐다.   (2) 눈이 펑펑 내리다.

5 (1) 달리기는 확실하다.   (2) 내가 일 등이다.

1 '지유는 분명하다.'가 안은문장이고, '관심이 멀어졌다.'가 안긴문장입니다.

> **문법 설명** '관심이 멀어졌음'이라는 명사절은 '분명하다'라는 형용사를 꾸며 주는 부사어 역할을 하고 있습니다.

2 '나는 공원에서 기다렸다.'가 안은문장이고, '친구가 오다.'가 안긴문장입니다.

> **문법 설명** '친구가 오기'라는 명사절은 문장 안에서 '무엇을'에 해당하는 목적어 역할을 하고 있습니다.

3 '감정 로봇은 눈썹만 움직여 (무엇이) 되었다.'가 안은문장이고, '표정이 몹시 화나다.'가 안긴문장입니다.

> **문법 설명** '표정이 몹시 화남'이라는 명사절은 서술어 '되었다'를 보충해 주는 역할을 하기 때문에 문장 안에서 보어의 역할을 하고 있습니다.

4 '눈이 펑펑 내리기'라는 명사절은 문장 안에서 '무엇을'에 해당하는 목적어 역할을 하고 있습니다.

5 '내가 일 등임'이라는 명사절은 '확실하다'라는 형용사를 꾸미기 때문에 문장 안에서 부사어 역할을 하고 있습니다.

바른 문장 쓰기 63쪽

1 그 신발을 사기(그 신발을 사다.)

2 중요한 역할을 함

3 **예** 나는 유명인을 활용하는 설득 전략에 가장 마음이 움직인다. (유명인을 활용하는 설득 전략에 가장 마음이 움직이는 까닭은) 유명인이 등장하면 자연스럽게 관심과 믿음이 가기 때문이다. 소비자들은 스포츠 선수, 배우, 가수 등 다양한 분야의 유명인이 추천하는 제품을 긍정적으로 평가하고, (소비자들은) 그 제품이 가치 있음을 믿는다. 특히 내가 좋아하는 유명인이 광고하는 제품을 사용함으로 그와 좀 더 가까워진 느낌을 갖게 된다.

1 '광고를 본 사람들은 원한다.'가 안은문장이고, 명사절 '그 신발을 사기'가 문장 안에서 '무엇을'에 해당하는 목적어 역할을 하고 있습니다.

> **문법 설명** '그 신발을 사다.'라는 문장에 명사형 어미 '-기'가 결합한 명사절에서 '광고를 본 사람들은'이라는 주어가 생략되었습니다.

2 '중요한 역할을 하다.'에 명사형 어미 '-ㅁ'이 결합하여 '중요한 역할을 함'이 됩니다. 명사절이 문장 안에서 목적어 역할을 하고 있습니다.

3 명사형 어미 '-(으)ㅁ', '-기'를 결합한 명사절을 가진 안은문장을 넣어 광고의 다양한 설득 전략에 대한 자신의 생각을 정리해 봅니다.

> **문법 설명** 예시 답안의 둘째 문장에서는 '유명인을 활용하는 설득 전략에 가장 마음이 움직이는 까닭은'이라는 주어 부분이 생략되었습니다. 그리고 '자연스럽게 관심과 믿음이 가기'라는 명사절이 안긴문장입니다.
> 예시 답안의 셋째 문장 중 '그 제품이 가치 있음을 믿는다.' 부분에서는 주어 '소비자들은'이 생략되었습니다. 그래서 '소비자들은 믿는다.'라는 문장 안에 목적어 역할을 하는 명사절 '그 제품이 가치 있음'이 안긴문장입니다.

13 관형절을 가진 안은문장 알기

개념 확인   65쪽

1 ○   **2** 관형어

문법 개념 익히기   66쪽

1 할머니께서 내일 오신다는 <u>소식</u>을 들었다.

2 나는 <u>아빠가 해 주신</u> 김치볶음밥을 좋아한다.

3 <u>내가 제일 좋아하는</u> 가수가 다음 주에 콘서트를 연다.

4 (1) 읽은 (2) 읽을 (3) 읽는

5 민수가 선물해 준

---

1 '(나는) 소식을 들었다.'가 안은문장이고, '할머니께서 내일 오신다.'가 안긴문장입니다.

> **문법 설명** '할머니께서 내일 오신다는'이라는 안긴문장은 관형사형 어미 '-는'을 결합하여 만든 관형절로, '소식'을 꾸며 주는 관형어 역할을 하고 있습니다.

2 '나는 김치볶음밥을 좋아한다.'가 안은문장이고, '아빠가 (김치볶음밥을) 해 주시다.'가 안긴문장입니다.

> **문법 설명** '아빠가 해 주신'이라는 안긴문장은 관형사형 어미 '-ㄴ'을 결합하여 만든 관형절로, '김치볶음밥'을 꾸며 주는 관형어 역할을 하고 있습니다. 안은문장의 목적어와 안긴문장의 목적어가 겹쳐 안긴문장의 목적어가 생략되었습니다.

3 '가수가 다음 주에 콘서트를 연다.'가 안은문장이고, '내가 (이 가수를) 제일 좋아한다.'가 안긴문장입니다.

> **문법 설명** '내가 제일 좋아하는'이라는 안긴문장은 관형사형 어미 '-는'을 결합하여 만든 관형절로, '가수'를 꾸며 주는 관형어 역할을 하고 있습니다. 안은문장의 주어와 안긴문장의 목적어가 겹쳐 안긴문장의 목적어가 생략되었습니다.

4 '읽은'은 과거, '읽을'은 미래, '읽는'은 현재를 나타냅니다.

> **문법 설명** 관형사형 어미 '-은, -는, -을, -던'은 문장을 관형절로 만들어 주는 동시에 시간적 의미를 나타내기도 합니다.

5 안긴문장 '민수가 선물해 준'은 어떤 '신발'인지 알려 주는 관형어 역할을 합니다. 안은문장의 목적어 '신발을'과 안긴문장의 목적어가 겹치기 때문에 안긴문장의 목적어를 생략하여 씁니다.

바른 문장 쓰기   67쪽

1 중독으로 이어질 수 있다는

2 사용자가 보고 싶어 하는

3 예 쇼트 폼 시청 시간을 정해 놓고 지키는 / 추천 알고리즘에 휘둘리지 않도록 의식적으로 콘텐츠를 선택하는 / 콘텐츠를 균형 있게 소비하며 자제력을 키우는

---

1 '문제점'에 해당하는 내용은 앞에서 꾸며 주고 있는 관형절에서 찾을 수 있습니다. 관형사형 어미 '-는'을 결합하여 만든 관형절이 어떤 '문제점'인지 알려 주는 관형어 역할을 하고 있습니다.

> **문법 설명** '쇼트 폼의 과도한 소비는 문제점을 가지고 있다.'가 안은문장이고, '(쇼트 폼의 과도한 소비는) 중독으로 이어질 수 있다.'가 안긴문장입니다. 안은문장과 안긴문장의 주어가 겹쳐 안긴문장에서는 생략되었습니다.

2 '사용자가 보고 싶어 하다.'라는 문장에 관형사형 어미 '-는'을 결합하여 써넣으면 '어떤' 영상인지 꾸며 주는 관형절을 가진 안은문장이 됩니다.

3 평소 자기의 쇼트 폼 소비 습관을 돌아보고, 쇼트 폼에 중독되지 않기 위해 실천할 수 있는 일을 떠올려 봅니다. 관형사형 어미 '-(으)ㄴ', '-는', '-(으)ㄹ', '-던' 등을 결합하여 '습관'을 꾸며 주는 관형절 형태로 씁니다.

14 부사절을 가진 안은문장 알기

1 ○   **2** 용언

1 나는 <u>목이 아프게</u> 기침을 했다.

2 심각했던 고민이 <u>이유가 없이</u> 사라졌다.

3 나와 수찬이는 <u>밤이 새도록</u> 이야기를 나누었다.

4 계획이 없이 집을

5 이가 시리도록

6 파도가 치듯이

1 '나는 기침을 했다.'가 안은문장이고, '목이 아프다.'가 안긴문장입니다.

> **문법설명** '목이 아프게'라는 안긴문장은 어미 '-게'를 결합하여 만든 부사절로, '(기침을) 했다'를 꾸며 주는 부사어 역할을 하고 있습니다.

2 '심각했던 고민이 사라졌다.'가 안은문장이고, '이유가 없다.'가 안긴문장입니다.

> **문법설명** '이유가 없이'라는 안긴문장은 어미 '-이'를 결합하여 만든 부사절로, 고민이 '어떻게' 사라졌는지 알려 주는 부사어 역할을 하고 있습니다.

3 '나와 수찬이는 이야기를 나누었다.'가 안은문장이고, '밤이 새다.'가 안긴문장입니다.

> **문법설명** '밤이 새도록'이라는 안긴문장은 어미 '-도록'을 결합하여 만든 부사절로, 이야기를 '어느 정도로' 나누었는지 알려 주는 부사어 역할을 하고 있습니다.

4 '우리는 집을 나섰다.'가 안은문장이고, '아무런 계획이 없다.'가 안긴문장입니다. '아무런 계획이 없이'는 어미 '-이'가 결합된 부사절로, '(집을) 나섰다'를 꾸며 줍니다.

5 '이가 시리도록'은 약수터의 물이 '얼마만큼' 차가운지 알려 주는 부사절입니다.

6 '파도가 치듯이'는 물살이 '어느 정도로' 거칠어졌는지 꾸며 주는 부사절입니다.

> **문법설명** 용언을 꾸며 주는 역할을 하는 부사절을 사용하면 대상의 상태나 움직임을 구체적으로 떠올릴 수 있습니다.
> • 약수터의 물이 <u>이가 시리도록</u> 차가웠다.
>   '차가웠다'를 꾸며 주는 부사절
> • 잔잔하던 물살이 <u>파도가 치듯이</u> 거칠어졌다.
>   '거칠어졌다'를 꾸며 주는 부사절

1 없이

2 완전한 자율 주행이 가능하도록

3 **예** 지금은 엄마나 아빠가 운전석에 앉아 앞만 보고 운전을 하신다. 하지만 미래에는 자율 주행 자동차를 타고 운전자가 없이 이동할 수 있다. 그러면 우리는 차 안에서 부모님과 마주 앉아 식사도 하고, 간단한 보드게임도 할 수 있을 것이다. 그리고 온 가족이 다 같이 영화를 보며 (온 가족이) 평소와 같이 자유롭게 대화를 나눌 수도 있을 것이다.

1 자율 주행 자동차는 운전자의 개입이 없이 자동차가 모든 상황을 스스로 판단하며 운전한다고 하였으므로, '없다'에 '-이'를 결합한 '없이'가 들어가는 것이 알맞습니다.

2 '완전한 자율 주행이 가능하도록'이라는 부사절은 '(연구를) 계속하고 있다.'를 꾸며 주는 부사어 역할을 합니다.

3 자율 주행 자동차를 타고 목적지로 이동하기까지 자동차 안의 모든 사람이 자유롭게 시간을 보낼 수 있을 것입니다.

> **문법설명** 예시 답안의 두 번째 문장은 '운전자가 없이'라는 부사절을 가진 안은문장입니다.
> 예시 답안의 마지막 문장 중 '평소와 같이 자유롭게 대화를 나눌 수도 있을 것이다.' 부분에서는 주어 '온 가족이'가 생략되었습니다. 그래서 온 가족이 '어떻게' 대화를 나눌 수 있는지 알려 주는 '평소와 같이 자유롭게'가 부사절로 안긴문장입니다.

개념 확인   73쪽

1 X   **2** 간접

문법 개념 익히기   74쪽

1 기린은 <u>목이 길다.</u>

2 나연이는 <u>배려심이 많다.</u>

3 동생은 <u>자기 말이 맞다고</u> 우겼다.

4 동생은 <u>"내 말이 맞아."라고</u> 우겼다.

5 예 머리가 길다. 성격이 좋다. 손이 귀엽다. 글씨가 예쁘다. 목소리가 크다.

6 도전하는 모습이 멋있다고 말했다.

1 '목이 길다.' 전체가 '기린'이 어떠한지 설명하는 서술어 역할을 하는 안긴문장입니다.

> 문법 설명 '기린이'가 문장 전체의 주어이고, '목이' 안긴문장의 주어입니다.

2 '배려심이 많다.' 전체가 '나연이'가 어떠한지 설명하는 서술어 역할을 하는 안긴문장입니다.

3 '자기 말이 맞다'는 동생 말의 내용만 끌어다 쓴 간접 인용 표현입니다.

> 문법 설명 간접 인용 표현에는 '고'를 사용합니다.

4 "내 말이 맞아."라는 동생 말을 원래의 형식과 내용을 그대로 유지한 채 끌어다 쓴 직접 인용 표현입니다.

> 문법 설명 직접 인용 표현에는 큰따옴표와 '라고'를 사용합니다.

5 '내 짝꿍'이 어떠한지 설명하는 서술어 역할을 하는 안긴문장을 '주어+서술어' 형태로 써야 합니다.

6 직접 인용 표현을 간접 인용 표현으로 바꿀 때에는 큰따옴표를 빼고, '고'를 사용합니다.

바른 문장 쓰기   75쪽

1 건강은 <u>잠이 중요하다.</u>

2 있다."라고 경고한다

3 예 어린이는 잘 자야 쑥쑥 잘 자란다고 한다. 그리고 "잠은 지친 마음의 가장 좋은 약이다."라고 말한다. 이처럼 잠은 몸과 마음의 건강에 큰 영향을 미친다. 밤에 잠자리에 누워 스마트폰을 보지 말고 푹 자야겠다는 생각이 들었다.

1 '건강은'이 안은문장의 주어이고, '잠이'가 안긴문장의 주어입니다.

> 문법 설명 '잠이 중요하다.'라는 서술절이 '건강'은 어떠하다고 설명하는 서술어 역할을 합니다.

2 간접 인용 표현을 직접 인용 표현으로 바꿀 때에는 큰따옴표와 '라고'를 사용합니다.

3 인용절에는 다른 사람의 말이나 글을 원래의 형식과 내용을 그대로 유지한 채 큰따옴표와 같은 인용 부호를 사용하여 끌어다 쓰는 직접 인용 표현과 다른 사람의 말이나 글의 내용만 끌어다 쓰는 간접 인용 표현이 있습니다.

> 문법 설명 예시 답안의 첫 번째 문장에는 '어린이는 잘 자야 쑥쑥 잘 자란다'라는 간접 인용 표현이 사용되었고, 두 번째 문장에는 "잠은 지친 마음의 가장 좋은 약이다."라는 직접 인용 표현이 사용되었습니다.

16 음운 변동, 음절의 끝소리 규칙 알기

개념 확인 79쪽

1 음절   2 X   3 ㄱ, ㄷ, ㅂ

문법 개념 익히기 80쪽

1 (1) 낫, 낯 (2) 겁, 복

2 (1) ㄴ, ㅏ, ㅁ, ㅜ (2) 나, 무

3 (1) ㄱ, ㅗ, ㅁ (2) ㅅ, ㅗ, ㅁ (3) ㄱ (4) ㅅ

4 아침 숲처럼 싱그러운 피아노 소리가 듣기 좋다.

5 (1) 부엌 (2) 박

---

1 (1) 모음 'ㅏ'가 쓰인 단어는 '낫'과 '낯'입니다.
   • '낫[낟]' ⇨ 곡식, 나무, 풀 등을 베는 데 쓰는 농기구.
   • '낯[낟]' ⇨ 눈, 코, 입 등이 있는 얼굴의 바닥.
   (2) '겁'은 'ㅂ'이 받침으로 쓰였고, '복'은 'ㅂ'이 첫소리로
   쓰였습니다.
   • '겁' ⇨ 무서워하는 마음.
   • '복' ⇨ 삶에서 누리는 좋고 만족할 만한 행운.

2 음운은 말의 뜻을 구별해 주는 가장 작은 소리의 단위
   로 각 글자에 쓰인 자음과 모음이 이에 해당합니다. 음
   절은 한 번에 낼 수 있는 소리의 단위로 각 글자가 이에
   해당합니다.

   > 문법 설명 '나무'는 'ㄴ, ㅏ, ㅁ, ㅜ'라는 4개의 음운으로 이루어
   > 졌고, '나'와 '무'로 나누어 발음하므로 2음절입니다.

3 '곰'과 '솜'은 첫소리 'ㄱ'과 'ㅅ'이 달라 전혀 다른 뜻이
   되었습니다.
   • '곰' ⇨ 힘이 세고 꼬리가 짧으며 털이 길고 거친, 덩
   치가 큰 곰과의 동물을 통틀어 이르는 말.
   • '솜' ⇨ 목화를 가공하여 만든 섬유로, 이불속이나 면
   직물의 재료가 된다.

4 '아침 숲처럼 싱그러운 피아노 소리가 듣기 좋다.'는
   [아침 숲처럼 싱그러운 피아노 소리가 듣끼 조타]라고
   소리 내어 읽습니다. 따라서 음절의 끝소리인 받침이
   [ㅂ]으로 발음되는 것은 '숲'입니다.

5 '부엌도 엉망으로 어질러 놓은 고양이를 찾으러 동구
   밖까지 나갔다.'는 [부억또 엉망으로 어질러 노은 고양
   이를 차즈러 동구 박까지 나갇따]라고 소리 내어 읽습
   니다.

   > 문법 설명 받침 'ㅋ'과 'ㄲ'은 [ㄱ]으로 바뀌어 소리 납니다.

바른 문장 쓰기 81쪽

1 (1) ㅈ, ㅗ, ㄴ / ㅈ, ㅐ (2) 존, 재 (3) ㅈ

2 (1) ㅍ, ㅂ (2) ㅅ, ㄷ

3 예 지금 우리 가족이 머무르는 곳에 대해 소개할
   게. 가장 오랜 시간 가족들이 모여 있는 곳을 거실
   이라고 해. 여기에는 앉아서 쉴 수 있는 곳과 꽃나
   무들이 있어. 그리고 씻거나 대소변을 보도록 만
   들어 놓은 곳을 화장실이라고 하고, 잠을 잘 때 사
   용하는 곳을 방이라고 해.

---

1 '존재'는 '존'과 '재'로 나누어 발음하므로 2음절로 이루
   어져 있고, 각 음절에는 음운 'ㅈ'이 공통으로 들어 있습
   니다.
   • '존재' ⇨ 현실에 실제로 있음.

2 음절의 끝소리 'ㅍ'은 [ㅂ]으로 바뀌어 발음되고, 'ㅅ'은
   [ㄷ]으로 바뀌어 발음됩니다.

   > 문법 설명 음절의 끝소리인 받침에는 자음 19개를 모두 쓸 수 있
   > 지만, 발음은 음절의 끝소리 규칙에 따라 [ㄱ, ㄴ, ㄷ, ㄹ, ㅁ,
   > ㅂ, ㅇ] 중 하나로 바뀌어 소리 납니다.

3 명확한 소유 개념이 존재하지 않는 나바호어를 사용하
   는 친구가 이해하기 쉽도록 우리 집에 있는 '곳'을 설명
   해 봅니다. '곳'은 '일정한 자리.'라는 뜻을 가진 단어입
   니다.

17 비음화, 유음화 알기

개념 확인
83쪽

1 비음화   2 X

문법 개념 익히기
84쪽

1 (1) 밤물 (2) ㅁ

2 (1) 설랄 (2) ㄹ

3 (1) 국민 (2) 든는

4 [대관녕 , 대관령 , ⟨대괄령⟩]

5 [⟨놀리⟩ , 논니 , 논리]

---

1 '밥물'은 [밤물]이라고 소리 내어 읽습니다.

> **문법설명** 비음화가 일어나는 단어입니다. '밥'의 받침 'ㅂ'이 '물'의 첫소리 'ㅁ'의 영향을 받아 비음 [ㅁ]으로 소리 납니다.

2 '설날'은 [설랄]이라고 소리 내어 읽습니다.

> **문법설명** 유음화가 일어나는 단어입니다. 유음화는 'ㄴ'이 'ㄹ'의 앞이나 뒤에 올 때 유음 [ㄹ]로 바뀌어 소리 나는 현상으로, '날'의 첫소리 'ㄴ'이 앞에 오는 '설'의 받침 'ㄹ'의 영향을 받아 [ㄹ]로 소리 납니다.

3 '국민'은 [궁민]으로 소리 나고, '듣는'은 [든는]으로 소리 납니다.

> **문법설명** '국'의 받침 'ㄱ'이 '민'의 첫소리 'ㅁ'의 영향을 받아 비음 [ㅇ]으로 발음됩니다.
> '듣'의 받침 'ㄷ'이 '는'의 첫소리 'ㄴ'의 영향을 받아 비음 [ㄴ]으로 발음됩니다.

4 '대관령'은 [대괄령]으로 소리 납니다.
   • '대관령' ⇨ 강원특별자치도 강릉시와 평창군 사이에 있는 고개.

> **문법설명** '관'의 받침 'ㄴ'이 뒤에 오는 '령'의 첫소리 'ㄹ'의 영향을 받아 [ㄹ]로 바뀌어 발음됩니다.

5 '논리'는 [놀리]로 소리 납니다.

• '논리' ⇨ 말이나 글에서 사고나 추리 따위를 이치에 맞게 이끌어 가는 과정이나 원리.

> **문법설명** '논'의 받침 'ㄴ'이 뒤에 오는 '리'의 첫소리 'ㄹ'의 영향을 받아 [ㄹ]로 바뀌어 발음됩니다.

바른 문장 쓰기
85쪽

1 (1) 반는다 (2) 소설챙만큼
  (3) ㄷ, ㄴ, ㄱ 뒤에 오는 첫소리 'ㅁ'의 영향을 받아 비음 [ㅇ]으로 바뀌어 발음된다.

2 (1) 괄련하여 (2) 유음화

3 📝 최근에 읽은 소설은 자신의 부모를 면접을 봐서 선택한다는 내용이었다. 책만 읽으면 잠이 쏟아지던 나도 이 책은 단숨에 읽을 수 있었다. '부모를 내가 고를 수 있다면 나는 어떤 기준으로 선택할 것인가, 그리고 또 부모는 어떤 아이를 원할 것인가' 하는 생각을 해 보았다. 부모님께만 바라지 말고 내가 먼저 부모님이 원하는 아이가 되도록 노력해야겠다.

---

1 '받는다'와 '소설책만큼'을 발음할 때 비음화 현상이 일어납니다.

> **문법설명** 받침 'ㄱ, ㄷ, ㅂ'이 뒤에 오는 첫소리 'ㄴ, ㅁ'의 영향을 받아 'ㄱ'은 비음 [ㅇ], 'ㄷ'은 비음 [ㄴ], 'ㅂ'은 비음 [ㅁ]으로 바뀌어 소리 나는 현상을 비음화라고 합니다.

2 '관련하여'는 발음할 때 'ㄴ'이 'ㄹ'의 영향을 받아 유음 [ㄹ]로 소리 나는 유음화 현상이 일어납니다.
   • '관련하다' ⇨ 둘 이상의 사람, 사물, 현상 따위가 서로 관계를 맺어 매여 있다.

3 이 글을 읽고 소설을 읽어야 하는 까닭에 대해 생각해 보고, 감명 깊게 읽은 책이나 친구에게 추천하고 싶은 책을 떠올려 감상과 함께 적어 봅니다.

> **문법설명** '책만'은 받침 'ㄱ'이 뒤에 오는 첫소리 'ㅁ'의 영향을 받아 비음 [ㅇ]으로 소리 나는 비음화가 일어나므로 [챙만]이라고 발음합니다.

18 구개음화, 된소리되기 알기

1 [ㅊ]   2 된소리

1 [구디 , (구지)]   2 [(끄치) , 끄티]

3 새해 들어 맞는 첫 (해돋이)가 장관이구나.
       ⇨ [해도지]

4 (1) 밥상 (2) 국수

5 (1) 마가 (2) 막꼬 (3) (막아 , (막고))

1 '굳이'는 [구지]라고 소리 내어 읽습니다.
   • '굳이' ⇨ 고집을 부려 구태여.

> **문법 설명** 받침 'ㄷ'이 모음 'ㅣ'를 만나 구개음 [ㅈ]으로 발음되는 것을 구개음화라고 합니다.

2 '끝이'는 [끄치]라고 소리 내어 읽습니다.

> **문법 설명** 받침 'ㅌ'이 모음 'ㅣ'를 만나 구개음 [ㅊ]으로 발음됩니다.

3 '해돋이'는 [해도지]라고 소리 내어 읽습니다.
   • '해돋이' ⇨ 해가 막 솟아오르는 때. 또는 그런 현상.

4 '밥상'과 '국수'를 발음할 때 된소리되기 현상이 일어납니다.

> **문법 설명** 'ㄱ, ㄷ, ㅂ, ㅅ, ㅈ'이 앞에 오는 소리의 영향을 받아 된소리로 바뀌어 소리 나는 현상을 된소리되기라고 합니다.
> '밥상'은 '밥'의 받침 'ㅂ'의 영향을 받아 뒤에 오는 첫소리 'ㅅ'이 된소리 [ㅆ]으로 발음됩니다.
> '국수'는 '국'의 받침 'ㄱ'의 영향을 받아 뒤에 오는 첫소리 'ㅅ'이 된소리 [ㅆ]으로 발음됩니다.

5 '막아'는 [마가]로, '막고'는 [막꼬]로 발음됩니다.

> **문법 설명** '막아'가 [마가]로 소리 나는 현상은 연음 법칙이라고 합니다. 받침이 있는 글자 뒤에 모음으로 시작되는 글자가 이어지면, 앞의 받침이 뒤 음절의 첫소리로 발음되는 현상입니다.

1 밑이

2 선택쩍, 객꽌적

3 예 갈등 상황이 생길 경우 내 생각만 옳다고 주장하지 않고 다양한 생각 인정하기 / 굳이 고집을 피우지 말고, 끊임없이 의심하고 질문하기 / 끝이 뻔히 보인다고 단정하지 말고 새로운 방법이나 방향 찾아보기

1 '밑이'는 [미치]라고 발음합니다.

> **문법 설명** '밑이'는 받침 'ㅌ'이 모음 'ㅣ'를 만나 구개음인 [ㅊ]으로 발음되는 구개음화 현상이 일어납니다.

2 **보기**는 된소리되기에 대한 설명입니다. 된소리되기가 일어나는 단어는 ⑦'선택적'과 ⓒ'객관적'입니다.

> **문법 설명** '선택적'은 '택'의 받침 'ㄱ'의 영향을 받아 뒤에 오는 첫소리 'ㅈ'이 된소리 [ㅉ]으로 소리 납니다. 따라서 [선택쩍]이라고 발음합니다.
> '객관적'은 '객'의 받침 'ㄱ'의 영향을 받아 뒤에 오는 첫소리 'ㄱ'이 된소리 [ㄲ]으로 소리 납니다. 따라서 [객꽌적]이라고 발음합니다.
> '합리적'을 발음할 때는 비음화가 일어납니다. 받침 'ㅂ' 뒤에 연결되는 'ㄹ'은 [ㄴ]으로 발음되기 때문에 [합니적]이 되고, 다시 받침 'ㅂ'이 뒤에 오는 [ㄴ]의 영향을 받아 [ㅁ]으로 소리 나므로, [함니적]으로 발음합니다.

3 우리는 다양한 관점에서 세상을 바라보고 비판적으로 정보를 받아들여야 합니다. 그러기 위해서 실천할 수 있는 일을 **보기**의 단어를 넣어 정리해 봅니다.

> **문법 설명** '관점[관쩜]', '갈등[갈뜽]'은 된소리되기, '굳이[구지]', '끝이[끄치]'는 구개음화가 일어납니다.

19 'ㄹ' 탈락, 'ㅎ' 탈락 알기

개념 확인 91쪽

1 X   2 ○

문법 개념 익히기 92쪽

1 (1) 화살 (2) 아드님 (3) ㄹ

2 알다

3 (1) 따아서 (2) 조아 (3) ㅎ

4 쌓이면   5 사시다

---

1 '화살'과 '아드님'은 'ㄹ' 탈락이 일어나고, 적을 때는 'ㄹ'을 살려 쓰지 않습니다.

> **문법 설명** (1) '화살'은 '활'+'살'로 이루어진 합성어입니다. 합성어가 만들어지는 과정에서 'ㅅ' 앞에 오는 받침 'ㄹ'이 탈락하였습니다.
> (2) '아드님'은 '아들'+'-님'으로 이루어진 파생어입니다. 파생어가 만들어지는 과정에서 'ㄴ' 앞에 오는 받침 'ㄹ'이 탈락하였습니다.

2 기본형 '알다'는 '알고, 알아, 알지, 아니, 아세요, 아느냐' 등으로 활용합니다.

> **문법 설명** '아느냐'는 '알다'가 활용하는 과정에서 'ㄴ' 앞에 오는 받침 'ㄹ'이 탈락한 것입니다.

3 '땋아서'와 '좋아'는 발음할 때 'ㅎ' 탈락이 일어납니다.

> **문법 설명** 받침 'ㅎ' 뒤에 오는 첫소리가 모음이면 'ㅎ'을 발음하지 않습니다. '땋아서'와 '좋아'는 둘 다 받침 'ㅎ' 뒤에 오는 첫소리가 '-아'이므로 'ㅎ'이 탈락합니다.

4 기본형 '쌓다'가 활용한 '쌓이면'은 'ㅎ' 뒤에 오는 첫소리가 모음 '이'이므로 받침 'ㅎ'을 발음하지 않습니다.

> **문법 설명** 'ㅎ' 탈락은 발음에서 'ㅎ'이 탈락해도 적을 때는 'ㅎ'을 살려 씁니다.

---

5 기본형 '살다'가 활용한 '사시다'는 'ㅅ' 앞에 오는 받침 'ㄹ'이 탈락한 것입니다.

> **문법 설명** 'ㄹ' 탈락은 발음에서 'ㄹ'이 탈락하면 적을 때도 'ㄹ'을 살려 쓰지 않습니다. '사시다'는 표기와 발음이 같습니다.

바른 문장 쓰기 93쪽

1 날, 날, 이

2 (1) 싸여 (2) 조은 (3) 'ㅎ' 탈락

3 **예** 나날이 있었던 일을 간단하게라도 기록하는 습관을 만들고 싶다. 살면서 좋았던 일, 슬펐던 일, 행복했던 일, 화났던 일 등을 기록해 두면 그것이 쌓여 나중에는 내 마음을 지탱해 주는 큰 재산이 될 것 같다.

---

1 '다달이'와 '나날이'는 파생어이고, 파생어가 만들어지는 과정에서 'ㄴ, ㄷ' 앞에 오는 받침 'ㄹ'이 탈락한 것입니다.
   • '다달이' ⇨ 달마다.
   • '나날이' ⇨ 매일매일.

2 받침 'ㅎ' 뒤에 오는 첫소리가 모음이면 'ㅎ'을 발음하지 않습니다. 이러한 음운 변동 현상을 'ㅎ' 탈락이라고 합니다.

3 꾸준히 실천해서 습관으로 만들고 싶은 일을 생각해 봅니다.
   예시 답안에는 '나날이[나나리]', '살면서[살면서]', '좋았던[조앋떤]', '쌓여[싸여]' 등이 사용되었습니다.

> **문법 설명** **보기**에 있는 '나날이'는 파생어가 만들어지는 과정에서 'ㄴ' 앞에 오는 받침 'ㄹ'이 탈락한 것이고, '살다'는 활용하는 과정에서 '사니, 사오'와 같이 받침 'ㄹ'이 탈락하는 단어입니다.
> '좋다'와 '쌓다'는 받침 'ㅎ' 뒤에 오는 첫소리가 모음일 때 'ㅎ'을 발음하지 않습니다.

20 'ㄴ'첨가, 거센소리되기 알기

개념 확인 95쪽

1 ○   **2** [ㅌ]

문법 개념 익히기 96쪽

1 (1) 논닐 (2) 단풍닙 (3) ㄴ

2 (1) 한여름 (2) 솜이불

3 (1) [(배캅), 배탑] (2) ㅋ

4 (1) [이착 , (이팍)] (2) ㅍ

5 언친

---

1 '논일'과 '단풍잎'은 발음할 때 'ㄴ'이 첨가됩니다.

> **문법 설명** 앞말에 받침이 있고, 뒷말 첫소리가 '이'인 경우 'ㄴ' 음을 첨가하여 [니]로 소리 나는 현상을 'ㄴ' 첨가라고 합니다. '단풍잎'의 경우는 '잎'의 받침 'ㅍ'이 [ㅂ]으로 소리 나는 음절의 끝소리 규칙도 적용되어 [단풍닙]으로 소리 납니다.

2 'ㄴ' 첨가가 일어나는 단어의 경우 적을 때는 변화가 없고, 발음만 'ㄴ' 음을 첨가하여 발음합니다.

> **문법 설명** '한여름'은 '한'에 받침이 있고, 뒷말 첫소리가 '여' 이기 때문에 [녀]로 발음합니다. '솜이불'은 '솜'에 받침이 있고, 뒷말 첫소리가 '이'이므로 [니]로 발음합니다.

3 '백합'은 '백'의 받침 'ㄱ'과 뒤에 오는 첫소리 'ㅎ'이 합쳐져 [ㅋ]으로 발음됩니다.

> **문법 설명** 'ㄱ, ㄷ, ㅂ, ㅈ'이 'ㅎ'과 합쳐져 거센소리 [ㅋ, ㅌ, ㅍ, ㅊ]으로 바뀌어 소리 나는 현상을 거센소리되기라고 합니다. 'ㅎ'은 앞에 올 수도 있고 뒤에 올 수도 있습니다.
> '백합 송이를 코끝에 대고 향기를 맡아 본다.'
> [배캅]

4 '입학'은 '입'의 받침 'ㅂ'과 뒤에 오는 첫소리 'ㅎ'이 합쳐져 [ㅍ]으로 발음됩니다.

> **문법 설명** '중학교 입학 선물로 받고 싶은 것이 있다.'
> [이팍]

5 '얹힌'은 'ㅈ(ㄵ)'이 'ㅎ'과 합쳐져 거센소리 [ㅊ]으로 바뀌어 소리 납니다.

> **문법 설명** '배가 암초에 얹힌 모습이 위태로워 보였다.'
> [언친]

바른 문장 쓰기 97쪽

1 (1) 좋지 (2) 정확하게

2 (1) 맨니브로 (2) 예 요즘은 맨입으로 되는 일이 거의 없다. / 오빠가 맨입으로 심부름을 시켜서 하지 않았다.

3 예 인공 지능이 발달한 미래 사회에는 한여름 땡볕에서 고생해야 하는 논일을 로봇이 도맡아 할 것이다. 로봇은 아무리 더워도, 아무리 일이 많아도 불평하지 않고 정확하고 빠르게 해낼 것이다. 하지만 이러한 혜택이 모두에게 골고루 돌아가지는 않을 것이다. 그래서 어떤 로봇을 가지고 있느냐에 따라 삶의 질에 큰 격차가 생기고 이것이 사회 문제가 될 수 있다.

---

1 '좋지[조치]'와 '정확하게[정화카게]'를 발음할 때 거센소리되기가 일어납니다.

> **문법 설명** '좋지'는 '좋'의 받침 'ㅎ'과 뒤에 오는 첫소리 'ㅈ'이 합쳐져 거센소리 [ㅊ]으로 바뀌어 소리 납니다. '정확하게'는 '확'의 받침 'ㄱ'이 뒤에 오는 'ㅎ'과 합쳐져 거센소리 [ㅋ]으로 바뀌어 소리 납니다.

2 '맨입으로[맨니브로]'의 '맨입'은 '아무런 대가도 치르지 아니한 상태를 비유적으로 이르는 말.'이라는 뜻입니다. 단어의 뜻과 어울리는 문장을 만들어 봅니다.

> **문법 설명** '맨입으로'에서 '맨입'은 'ㄴ' 음이 첨가되어 [맨닙]으로 발음합니다. 그리고 [닙] 뒤에 모음으로 시작되는 글자가 이어지기 때문에 연음 법칙이 적용되어 받침 'ㅂ'이 뒤 음절의 첫소리로 발음됩니다.

3 보기에 있는 '한여름[한녀름]'과 '논일[논닐]'은 'ㄴ' 첨가가, '정확하다[정화카다]'와 '많다[만타]'는 거센소리되기가 일어나는 단어입니다.

글 필사하기

예시 답안

1장 (필사하기 ▷)

01 고유어, 한자어, 외래어 알기

● 고유어, 한자어, 외래어가 들어간 문장을 찾고, 그중 세 문장을 필사해 보세요.

> 15쪽
>
> 최근 기후 위기로 식량 부족에 대한 우려가 증가하면서 '미래 식량'이 큰 관심을 받고 있다. 미래 식량이란 환경을 파괴하지 않으면서 영양소를 충분히 갖춰 식량 부족 문제에 대응할 수 있는 미래 지향적인 식품을 말한다. 그중에서도 식용 곤충이 주목을 받고 있는데, 곤충의 어떤 점이 미래 식량으로 적합한 것일까?
>
> 무엇보다 식용 곤충은 가축을 키우는 것에 비해 온실가스와 암모니아를 적게 배출하고, 물 소비량도 적다. 또 식용 곤충은 고기와 단백질 함량이 비슷하다. 식용 곤충의 지방은 동물성 기름과 식물성 기름의 중간 성질을 가지며, 우리 몸에 흡수가 잘 되는 불포화 지방산이 풍부하다. 마지막으로 식용 곤충의 영양 성분은 질병을 고치는 데 효과가 있다. 예를 들어 밀웜이라는 갈색거저리 애벌레는 식이 섬유가 풍부하고, 기침이나 가래 등의 치료에 효과가 있다.

예시 답안

✎ 식용 곤충은 가축을 키우는 것에 비해 온실가스와 암모니아를 적게 배출하고, 물 소비량도 적다. / 식용 곤충은 고기와 단백질 함량이 비슷하다. / 밀웜이라는 갈색거저리 애벌레는 식이 섬유가 풍부하고, 기침이나 가래 등의 치료에 효과가 있다.

02 다의어 알기

● 다의어가 쓰인 문장을 찾고, 그중 세 문장을 필사해 보세요.

> 19쪽
>
> 화폐는 한 나라의 얼굴이다. 화폐에 사람의 얼굴을 그려 넣은 것은 고대 로마 시대에 시작되었다. 당시 로마 황제는 '이것은 내 얼굴이 새겨진 물건이니 믿고 써도 된다.'라는 뜻으로 자신의 얼굴을 새긴 동전을 사람들에게 나누어 주었다. 이런 전통이 지금까지 전해져 사람의 얼굴을 화폐에 그려 넣게 된 것이다.
>
> 전 세계 화폐에 가장 많이 등장하는 인물은 약 20여 개 나라의 화폐에 나오는 영국 여왕 엘리자베스 2세이다. 그녀가 여왕이 된 1953년에 영국은 50개 이상의 식민지를 거느린 나라였다. 지금은 대부분 독립 국가가 되었지만 여전히 여러 나라에서 엘리자베스 2세의 얼굴을 화폐에 쓰고 있다.
>
> 화폐에는 대부분 그 나라를 위해 훌륭한 업적을 남긴 인물이 등장한다. 하지만 자기 분야에서 업적을 이룬 평범한 사람을 화폐에 넣기도 한다. 또 우리나라를 포함해 대부분의 나라에서는 하나의 화폐에 한 사람의 얼굴을 사용하지만, 화폐 하나에 여러 인물이 나오는 경우도 있다.

예시 답안

✎ 화폐는 한 나라의 얼굴이다. / 화폐에 사람의 얼굴을 그려 넣은 것은 고대 로마 시대에 시작되었다. / 화폐에는 대부분 그 나라를 위해 훌륭한 업적을 남긴 인물이 등장한다.

03 동음이의어 알기

● 동음이의어가 쓰인 문장을 찾고, 그중 세 문장을 필사해 보세요.

> 23쪽
>
> 언제나처럼 우리 집 주말 점심은 김밥이다. 이번 주 김밥 말기 담당인 내가 졸린 눈을 비비며 열심히 김밥을 말고 있는데, 누나가 식탁에 앉아서 젓가락을 물고 멍하게 있었다.
>
> "너는 먹다 말고 무슨 생각을 그렇게 하니?"
>
> 엄마가 김밥을 썰며 말씀하셨다. 그리고 썬 김밥을 접시에 담아 누나에게 건네셨다. 한쪽에서는 아빠가 라면 국물에 밥을 말고 계셨다.
>
> "김밥을 드시지 그래요."
>
> 엄마의 잔소리가 시작되었다.
>
> "라면 국물 간이 얼마나 센데, 짜게 먹으면 혈압도 오르고 간에도 부담을 준다고요."
>
> 아빠는 눈을 질끈 감고 남은 국물을 후루룩 마셨다. 그리고 얼른 자리를 피해 욕실로 가서 머리를 감는다. 언제나처럼 우리 집 주말 점심은 평화롭다.

예시 답안

✎ "너는 먹다 말고 무슨 생각을 그렇게 하니?" / 한쪽에서는 아빠가 라면 국물에 밥을 말고 계셨다. / "라면 국물 간이 얼마나 센데, 짜게 먹으면 혈압도 오르고 간에도 부담을 준다고요." / 아빠는 눈을 질끈 감고 남은 국물을 후루룩 마셨다. 그리고 얼른 자리를 피해 욕실로 가서 머리를 감는다.

04 전문어, 차별 표현 알기

● 전문어, 차별 표현이 사용된 문장을 찾고, 그중 두 문장을 필사해 보세요.

> 27쪽
>
> 최근 청소년들은 '초딩', '잼민이' 등과 같은 말을 자주 사용한다. 이런 표현에는 어린이를 얕잡아 보는 시각이 담겨 있다. 또한 어른들도 '어린이는 어른보다 서툴고 미숙하다.'라는 편견을 담은 '산린이', '요린이'와 같은 말을 꽤 많이 사용한다.
>
> '-린이'는 어떤 일을 처음 할 때 능숙하지 못한 초보자를 비유하는 말로 사용된다. 성장이 끝나지 않았다는 사실만으로 어린이를 미숙한 존재로 정의하고, 미숙함을 보이는 사람에게 어린이 같다고 하는 것이다. '초보자', '입문자'라는 말을 두고 '-린이'라는 표현을 사용하는 것은 어린이에 대한 편견과 고정 관념을 부추기는 좋지 않은 표현이다.
>
> 어린이에 대한 차별 표현은 어린이를 권리 주체로 존중하지 않는 우리 사회의 현실을 보여 준다. 아동 심리 전문가들은 최근 한 심포지엄에서 어린이들은 자신을 존중하는 사회 분위기를 통해 라포르를 형성하고 자존감과 자기 효능감을 회복하여 연대감, 책임감을 가진 어른으로 자라난다는 점을 강조하였다. 어린이를 어른과 동등한 사회 구성원으로 존중하는 인식의 개선과 실천이 필요한 때이다.

예시 답안

✎ '-린이'라는 표현을 사용하는 것은 어린이에 대한 편견과 고정 관념을 부추기는 좋지 않은 표현이다. / 어린이들은 자신을 존중하는 사회 분위기를 통해 라포르를 형성하고 자존감과 자기 효능감을 회복하여 연대감, 책임감을 가진 어른으로 자라난다는 점을 강조하였다.

05 줄임말, 새말 알기

● 줄임말, 새말이 쓰인 문장을 찾고, 그중 두 문장을 필사해 보세요.

> 31쪽
>
> 나는 평소에 매운 음식을 잘 못 먹지만 친구들과 어울리고 싶은 마음에 마라탕을 먹는 데에 따라갔다. 매운 게 들어갈수록 배가 아파서 쩔쩔매는 나를 보고 지후가,
> "이 정도 맵기도 못 먹다니 오나전 캐안습이다."
> 라고 말하였다. 고통스러워하는 나를 걱정해 주기는커녕 놀리는 말이 정말 서운했다.
> 요즘에는 매운 음식을 잘 먹지 못하는 사람을 '맵찔이'라고 부르며 무시하거나, 매운 음식을 잘 먹는 것에 자부심을 느끼는 사람에게 '맵부심'이 있다고 말한다. 나는 이것이 잘못된 일이라는 것을 지후에게 알려 주었다.
> "사람마다 손가락 지문의 모양이 다른 것처럼 사람의 혀에 있는 수많은 돌기의 배열에 따라 사람마다 맛이나 식감을 느끼는 정도가 다르대."
> 다행히 내 말을 들은 지후는 바로 사과를 하였다.
> "아, 그렇구나. 매운 음식을 못 먹는다고 놀림을 당하고, 잘 먹는다고 자부심을 가질 일도 아닌데, 내가 실수했어. 미안해."

예시 답안

✎ "이 정도 맵기도 못 먹다니 오나전 캐안습이다." / 요즘에는 매운 음식을 잘 먹지 못하는 사람을 '맵찔이'라고 부르며 무시하거나, 매운 음식을 잘 먹는 것에 자부심을 느끼는 사람에게 '맵부심'이 있다고 말한다.

2장 필사하기 ▶

06 체언(명사, 대명사, 수사) 알기

● 명사, 대명사, 수사가 사용된 문장을 찾고, 그중 세 문장을 필사해 보세요.

> 37쪽
>
> 지구 온난화로 북극 얼음이 녹아내리며 북극곰이 살 곳이 사라져 간다는 뉴스를 보며 평범한 아홉 살 소년 펠릭스는 결심을 했다.
> "북극곰을 위해 나무 백만 그루를 심자!"
> 어른들이 코웃음을 쳤지만 펠릭스는 포기하지 않았다.
> "우리 힘으로 북극곰을 구하자!"
> 펠릭스의 외침에 친구들이 힘을 보탰다.
> 3년 뒤, 어린이들은 백만의 절반인 오십만 그루의 나무를 심게 되었다. 어른들도 펠릭스의 캠페인에 관심을 가지기 시작했고, 유엔에서는 그를 초청해 연설을 부탁하였다.
> "지금부터는 어린이, 어른 할 것 없이 전 세계인이 함께해야 합니다. 우리는 1조 그루의 나무를 심을 수 있습니다."
> 펠릭스의 연설은 어른들의 마음을 움직였고, 전 세계가 펠릭스의 '나무 심기 캠페인'에 동참하기 시작했다.

예시 답안

✎ "북극곰을 위해 나무 백만 그루를 심자!" / 3년 뒤, 어린이들은 백만의 절반인 오십만 그루의 나무를 심게 되었다. / "지금부터는 어린이, 어른 할 것 없이 전 세계인이 함께해야 합니다. 우리는 1조 그루의 나무를 심을 수 있습니다."

07 용언(동사, 형용사) 알기

● 동사, 형용사가 쓰인 문장을 찾고, 그중 세 문장을 필사해 보세요.

> 41쪽
>
> 엄마, 얼마 전 엄마께 짜증 냈던 일을 사과드리고 싶어요. 그날 아침, 입으려고 한 옷이 빨래 바구니에 있는 걸 보고 저도 모르게 엄마께 소리를 질렀어요. 깜짝 놀라신 엄마가 "바빠서 못 빨았어. 다른 거 입고 가." 하고 달래 주셨지만, 전 툴툴거리며 밥도 안 먹고 집을 나섰죠. 터벅터벅 학교로 걸어가는데 미안해하시던 엄마의 표정이 자꾸 떠올라서 마음이 무거웠어요. 그렇게 소리를 지르면 안 되는 거였는데…… 바로 엄마께 죄송하다고 문자를 드리려고 했는데, 망설이다가 쑥스러워서 그냥 교실로 들어갔어요.
> 그리고 하필 그날 저녁밥에 제가 싫어하는 카레여서 또 엄마께 짜증을 냈어요. 깨지락깨지락 밥을 먹는 둥 마는 둥 하다가 방으로 들어가 책상 앞에 앉았는데, 아침에도 후회해 놓고 왜 자꾸 이러는지 모르겠다는 생각이 들었어요. 그때 엄마가 과일을 들고 오셔서 "헤빈아, 내일은 너 좋아하는 미역국 끓여 줄게." 하시는데 눈물이 왈칵 쏟아졌어요. 엄마가 요새 회사 일 때문에 바쁘신 걸 알면서 도와드리지는 못하고 짜증만 부려서 죄송해요. 앞으로는 착한 딸이 될게요.

예시 답안

✎ 터벅터벅 학교로 걸어가는데 미안해하시던 엄마의 표정이 자꾸 떠올라서 마음이 무거웠어요. / 엄마가 요새 회사 일 때문에 바쁘신 걸 알면서 도와드리지는 못하고 짜증만 부려서 죄송해요. / 앞으로는 착한 딸이 될게요.

08 수식언(관형사, 부사) 알기

● 관형사, 부사가 들어간 문장을 찾고, 그중 세 문장을 필사해 보세요.

> 45쪽
>
> 겨울 방학에 우리 가족은 제주도로 여행을 떠났다. 숙소는 아빠의 고향과 가까운 해안가에 있었다. 새끼줄로 묶인 지붕과 그 옆의 까만 돌담이 정말 예뻤다.
> 우리 가족은 숙소 근처에 있는 '성산 일출봉'에 먼저 가 보기로 했다. 성산 일출봉은 정상에서 보는 일출이 장관이어서 새벽마다 일출을 보기 위해 오르는 관광객으로 늘 붐빈다고 한다. 직접 가서 보니 바다에 우뚝 솟은 분화구의 가장자리가 마치 성벽처럼 웅장해 보였다.
> 성산 일출봉을 구경한 다음 휴애리에 갔다. 화려한 동백꽃으로 둘러싸인 동백 올레길을 걷다 보니 겨울이 맞는지 헷갈릴 정도였다.
> 저녁에는 제주도에서 유명하다는 통갈치 조림을 먹었다. 양이 푸짐해서 온 가족이 배불리 먹었다. 숙소에 돌아와 오늘 찍은 사진을 보면서 제주도에 또 오면 좋겠다고 생각했다.

예시 답안

✎ 새끼줄로 묶인 지붕과 그 옆의 까만 돌담이 정말 예뻤다. / 성산 일출봉은 정상에서 보는 일출이 장관이어서 새벽마다 일출을 보기 위해 오르는 관광객으로 늘 붐빈다고 한다. / 바다에 우뚝 솟은 분화구의 가장자리가 마치 성벽처럼 웅장해 보였다.

09 관계언(조사), 독립언(감탄사) 알기

● 조사, 감탄사가 쓰인 문장을 찾고, 그중 세 문장을 필사해 보세요.

49쪽

우스갯소리를 잘하는 김 선생은 어느 날, 친구의 집을 방문하였다. 친구가 밥상을 차렸는데, 반찬이 김치와 푸성귀뿐이었다. 친구가 먼저 미안해하며 말하였다.
"집이 가난하고 시장마저 너무 먼 탓에 내놓을 만한 반찬이 전혀 없고 싱거운 것뿐일세. 그저 부끄러울 따름이네."
그때 마침 뜰에서 닭들이 무리를 지어 어지럽게 모이를 쪼아 먹고 있었다. 그 장면을 본 김 선생이 친구에게 말하였다.
"여보게, 친구."
"응, 왜 그러는가."
"사내대장부는 천금을 아끼지 않는 법. 내가 타고 온 말을 잡아 찬거리를 장만하게."
"이런, 하나뿐인 말을 잡으라니? 무엇을 타고 돌아가려는가?"
"나야 저 뜰에 있는 닭 타고 가면 되지."

예시 답안

 "여보게, 친구." / "응, 왜 그러는가."

"사내대장부는 천금을 아끼지 않는 법. 내가 타고 온 말을 잡아 찬거리를 장만하게." / "이런, 하나뿐인 말을 잡으라니? 무엇을 타고 돌아가려는가?" / "나야 저 뜰에 있는 닭 타고 가면 되지."

10 품사의 특성과 활용

● 명사로 끝맺은 문장, 수사, 수 관형사가 사용된 문장을 찾고, 그중 세 문장을 필사해 보세요.

53쪽

하늘 초등학교 6학년, '진로 탐색 캠프' 운영
다양한 프로그램을 통해 진로를 탐색하고 진로 인식을 높이다

하늘 초등학교 6학년을 대상으로 '진로 탐색 캠프'를 운영하였다. 이 캠프에 참여한 6학년 학생들은 자신의 소질과 적성을 찾아보며, 진로에 대해 생각해 보기 위해 시행되었다. 진로 탐색 캠프는 세 가지 프로그램으로 진행되었다. 첫째는 '만나고 싶은 직업인' 설문 조사 결과로 초청된 학부모 수업이었다. 학생들의 관심이 높은 직업을 가진 학부모가 강사가 되어 "내가 좋아하는 일을 직업으로 삼을 수 있을까?"라는 주제로 학생들의 궁금증을 풀어 주었다. 둘째는 다양한 직업에 대해 알아보는 '진로 골든벨' 시간이었다. 문제를 많이 맞히는 것보다 모둠 활동을 통해 서로 소통하고 협력하며 새로운 직업에 대해 탐구하는 프로그램이었다. 마지막으로 '내 꿈 그리기' 프로그램은 20년 뒤 자신의 직업을 상상하며 그림을 그리는 시간이었다.

예시 답안

하늘 초등학교 6학년, '진로 탐색 캠프' 운영

진로 탐색 캠프는 세 가지 프로그램으로 진행되었다. / 첫째는 '만나고 싶은 직업인' 설문 조사 결과로 초청된 학부모 수업이었다. / 둘째는 다양한 직업에 대해 알아보는 '진로 골든벨' 시간이었다.

3장 필사하기 ▷

11 이어진 문장 알기

● 이어진 문장을 찾고, 그중 세 문장을 필사해 보세요.

59쪽

우리 뱃속의 장(腸)에는 수없이 많은 미생물이 살고 있다. 이들은 눈으로는 볼 수 없는 아주 작은 생물이지만 우리 몸에서 여러 가지 중요한 역할을 한다.
먼저, 음식물 소화에 도움을 준다. 장내 미생물은 우리가 소화하기 어려운 섬유질을 분해해서 몸에 좋은 물질을 만들어 내는데, 이 물질은 장 건강을 지키고 에너지를 공급하는 역할을 한다. 또한 면역력을 높이는 데 도움이 된다. 장내 미생물은 나쁜 세균이 우리 몸에 들어오는 것을 막아 주고, 면역 세포를 도와서 각종 질병으로부터 몸을 보호해 준다. 특히 장내 미생물은 정신 건강과도 밀접한 관련이 있는데, 행복함을 느끼게 하는 세로토닌 같은 호르몬을 만들어 내어 스트레스 해소에 도움을 준다.
이처럼 우리 건강에 중요한 역할을 하는 장내 미생물이 잘 살게 하려면 장내 환경을 좋게 만들어야 한다. 따라서 몸에 좋은 음식을 잘 챙겨 먹고 규칙적으로 생활해야 건강한 장내 미생물 균형을 유지할 수 있다.

예시 답안

 이들은 눈으로는 볼 수 없는 아주 작은 생물이지만 우리 몸에서 여러 가지 중요한 역할을 한다. / 장내 미생물은 나쁜 세균이 우리 몸에 들어오는 것을 막아 주고, 면역 세포를 도와서 각종 질병으로부터 몸을 보호해 준다. / 장내 미생물이 잘 살게 하려면 장내 환경을 좋게 만들어야 한다.

12 명사절을 가진 안은문장 알기

● 명사절을 가진 안은문장을 찾고, 그중 두 문장을 필사해 보세요.

63쪽

광고는 소비자의 관심을 끌고 구매를 유도하기 위해 다양한 설득 전략을 사용한다. 먼저 감정에 호소하는 전략이다. 예를 들어, 한 가족이 제품을 사용하면서 겪는 따뜻하고 감동적인 에피소드를 담은 광고는 보는 사람들의 감정을 자극해 마음을 움직이고 제품에 대한 호감도를 높인다. 다음으로 유명인이나 전문가를 활용하는 전략이다. 소비자가 좋아하는 연예인이나 전문가를 광고에 등장시킴으로써 제품에 대한 호감도와 신뢰도를 높일 수 있다. 예를 들어, 운동선수가 운동화 광고에 나와서 "이 신발을 신으면 더 빠르게 뛸 수 있어요."라고 말하면, 광고를 본 사람들은 그 신발을 사기를 원한다. 마지막으로 친근감을 느낄 만한 일상적 인물과 사물을 등장시켜 소비자와의 연관성을 느끼게 하는 전략이다.
이와 같이 광고의 다양한 전략들은 소비자의 감정과 경험에 호소하여 제품에 대한 긍정적인 인식을 형성하게 한다. 그리고 이것이 해당 제품의 구매로까지 이어지게 하는 데 중요한 역할을 함을 알 수 있다.

예시 답안

 광고를 본 사람들은 그 신발을 사기를 원한다. / 이것이 해당 제품의 구매로까지 이어지게 하는 데 중요한 역할을 함을 알 수 있다.

13 관형절을 가진 안은문장 알기

● 관형절을 가진 안은문장을 찾고, 그중 두 문장을 필사해 보세요.

> 쇼트 폼(short form)이 최근 몇 년 사이 큰 인기를 끌고 있다. 쇼트 폼은 10초에서 1분 내외로 짧게 편집해 올린 동영상을 말하는데, 짧은 시간 안에 빠르게 재미와 정보를 전달하여 부담 없이 즐길 수 있다. 그런데 이러한 쇼트 폼의 과도한 소비는 중독으로 이어질 수 있다는 문제점을 가지고 있다.
>
> 쇼트 폼은 간단한 손가락 조작으로 계속해서 다른 내용의 영상을 볼 수 있고, 알고리즘이 사용자의 취향을 분석해 끊임없이 사용자가 보고 싶어 하는 영상을 추천한다. 그래서 원래 계획보다 훨씬 많은 시간을 소비하게 된다. 잠시만 보려던 것을 시간 가는 줄 모르고 보다가 다음 날 해야 할 일에 지장을 주기도 한다.
>
> 쇼트 폼은 짧은 시간 동안 강한 자극을 제공하기 때문에 우리 뇌는 끊임없이 새로운 자극을 찾는다. 이 때문에 쇼트 폼을 습관적으로 보면 주의가 산만해지고, 뇌 발달에 악영향을 끼칠 수 있다. 심하면 긴 글이나 영상에 집중하기 어려워지고, 깊이 있는 사고 능력이 떨어지는 문제가 발생한다.

예시 답안

쇼트 폼의 과도한 소비는 중독으로 이어질 수 있다는 문제점을 가지고 있다. / 알고리즘이 사용자의 취향을 분석해 끊임없이 사용자가 보고 싶어 하는 영상을 추천한다. / 심하면 긴 글이나 영상에 집중하기 어려워지고, 깊이 있는 사고 능력이 떨어지는 문제가 발생한다.

14 부사절을 가진 안은문장 알기

● 부사절을 가진 안은문장을 찾고, 그중 두 문장을 필사해 보세요.

> 자율 주행 자동차는 사람이 직접 운전하지 않아도 스스로 달리는 자동차이다. 자율 주행 자동차는 인공 지능(AI), 센서 기술, 빅 데이터 분석 등을 활용하여 운전자의 개입이 없이 스스로 달릴 수 있다.
>
> 자율 주행 기술은 레벨 0부터 레벨 5까지로 구분된다. 레벨 0은 사람이 직접 운전하는 단계이고, 레벨 2는 자동차가 속도를 조절하고 차선을 유지하지만 사람이 계속 지켜봐야 하는 단계이다. 레벨 5는 운전자의 개입이 없이 자동차가 모든 상황을 스스로 판단하며 운전하는 단계이다. 현재 여러 기업이 완전한 자율 주행이 가능하도록 연구를 계속하고 있다.
>
> 자율 주행 자동차가 본격적으로 도입되면 사람들이 더욱 안전하게 이동할 수 있고, 장애인과 노약자의 이동이 자유로워질 것이다. 또한 대중교통과 물류 시스템에 적용되어 효율적인 교통 체계를 구축할 수 있을 것이다. 하지만 기술적 완성도, 법적 규제 마련과 사고 발생 시 책임 소재 문제, 해킹 위험 등 해결해야 할 과제도 많다.

예시 답안

자율 주행 자동차는 인공 지능(AI), 센서 기술, 빅 데이터 분석 등을 활용하여 운전자의 개입이 없이 스스로 달릴 수 있다. / 현재 여러 기업이 완전한 자율 주행이 가능하도록 연구를 계속하고 있다.

15 서술절, 인용절을 가진 안은문장 알기

● 서술절, 인용절을 가진 안은문장을 찾고, 그중 두 문장을 필사해 보세요.

> 건강은 잠이 중요하다. 잠을 자는 동안 신체는 세포를 재생하고 근육을 회복시키며, 면역 시스템을 활성화하여 질병에 대한 저항력을 높인다. 그래서 잠이 부족하면 면역력이 떨어져 감기나 기타 질병에 쉽게 걸릴 수 있다.
>
> 또한 잠은 기억력과 학습 능력에도 큰 영향을 미친다. 과학자들의 연구에 따르면, 수면은 뇌의 해마와 대뇌 피질 간의 정보 전달을 돕는다. 즉, 잠을 자는 동안 뇌는 낮 동안 받아들인 정보를 정리하고 장기 기억으로 저장하며, 필요 없는 기억을 정리하는 과정도 거친다. 충분한 수면을 취하면 집중력이 향상되고 창의력이 높아지는 반면, 수면이 부족하면 기억력이 저하되고 사고력이 감소한다.
>
> 정신 건강에도 잠은 필수적이다. 전문가는 "수면 부족이 스트레스 호르몬의 분비를 증가시켜 불안과 우울감을 유발할 수 있다."라고 경고한다. 또한 잠이 부족하면 뇌에서 감정을 조절하는 부분이 제대로 작동하지 않아 기분이 불안정해질 수 있다고 강조한다.
>
> 따라서 건강한 삶을 위해서는 규칙적으로 충분한 수면을 취해야 한다.

예시 답안

건강은 잠이 중요하다. / 전문가는 "수면 부족이 스트레스 호르몬의 분비를 증가시켜 불안과 우울감을 유발할 수 있다."라고 경고한다. / 또한 잠이 부족하면 뇌에서 감정을 조절하는 부분이 제대로 작동하지 않아 기분이 불안정해질 수 있다고 강조한다.

 4장 필사하기 ▷

16 음운 변동, 음절의 끝소리 규칙 알기

● 음절의 끝소리 규칙이 나타나는 단어가 들어간 문장을 찾고, 그중 세 문장을 필사해 보세요.

> 언어는 말과 글로 자신의 생각을 표현하는 도구일 뿐만 아니라, 우리의 사고방식과도 깊은 관련이 있다.
>
> 아메리카 원주민 부족인 호피족의 언어에는 과거, 현재, 미래를 구분하는 표현이 없다. 그래서 이들은 '모든 일이 한꺼번에 존재하는 것'처럼 생각한다. 반면, 한국어나 영어에서는 시간상의 앞뒤 관계를 따져 과거, 현재, 미래를 뚜렷이 구분하기 때문에 시간을 직선적인 흐름으로 받아들인다.
>
> 또한, 아메리카 인디언어의 하나인 나바호어에는 명확한 소유 개념이 존재하지 않는다. 예를 들어, "이것은 내 집이다."라는 표현 대신 '내가 머무르는 곳'처럼 관계성을 강조하는 표현을 사용한다.
>
> 이처럼 언어는 우리가 세상을 어떻게 인식하고 이해하는지에 영향을 준다. 따라서 우리가 사용하는 언어를 통해 우리의 사고방식과 문화적 배경을 이해할 수 있으며, 더 나아가 다양한 문화를 이해하고 존중하는 태도를 기를 수 있다.

예시 답안

호피족의 언어에는 과거, 현재, 미래를 구분하는 표현이 없다. / 한국어나 영어에서는 시간상의 앞뒤 관계를 따져 과거, 현재, 미래를 뚜렷이 구분하기 때문에 시간을 직선적인 흐름으로 받아들인다. / '내가 머무르는 곳'처럼 관계성을 강조하는 표현을 사용한다.

17 비음화, 유음화 알기

● 비음화, 유음화가 일어나는 단어가 들어간 문장을 찾고, 그중 세 문장을 필사해 보세요.

우리는 왜 소설을 읽어야 할까? 소설 속 인물들의 삶을 따라가다 보면, 마치 다른 사람의 인생을 간접 체험하는 느낌을 받는다. 덕분에 우리는 다른 사람에 대한 공감 능력을 키우고, 세상을 더 넓은 시각으로 새롭게 바라볼 수 있다.

또한 소설 속 인물들이 갈등하는 모습을 보면서 나 자신과 관련하여 "내가 이런 상황이라면 어떻게 할까?"를 고민하게 되고, 그 과정에서 중요한 깨달음을 얻을 수도 있다. 이처럼 소설책만큼 삶에 대한 깊은 통찰을 주는 지침서도 없을 것이다.

소설을 읽으며 잠시나마 현실에서 벗어나 색다른 경험을 할 수도 있다. 좋아하는 소설을 읽으며 즐거움을 느끼고, 소설 속 인물들과 함께 울고 웃으며 마음의 위로와 힘을 얻을 수도 있다. 이 외에도 소설은 긴 호흡으로 글을 읽는 능력을 길러 주고 언어적 감수성과 표현력을 기르는 데도 도움이 된다.

예시 답안

소설 속 인물들의 삶을 따라가다 보면, 마치 다른 사람의 인생을 간접 체험하는 느낌을 받는다. / 소설 속 인물들이 갈등하는 모습을 보면서 나 자신과 관련하여 "내가 이런 상황이라면 어떻게 할까?"를 고민하게 되고, 그 과정에서 중요한 깨달음을 얻을 수도 있다. / 소설책만큼 삶에 대한 깊은 통찰을 주는 지침서도 없을 것이다.

18 구개음화, 된소리되기 알기

● 구개음화, 된소리되기가 일어나는 단어가 들어간 문장을 찾고, 그중 세 문장을 필사해 보세요.

1960년대 심리학자 피터 웨이슨은 사람들에게 몇 개의 숫자가 적힌 카드를 보여 주고, 이 숫자들이 어떤 규칙을 따르는지 맞혀 보게 하는 실험을 했다. 이때 대부분의 참가자들은 자신이 세운 규칙이 맞다는 증거를 찾는 데 집중했고, 이 규칙에서 벗어날 가능성이 큰 카드는 무시했다.

이 실험은 사람들이 자신이 옳다고 믿는 정보는 선택적 수집을 하고, 반대되는 정보는 무시하는 경향이 있다는 것을 보여 준다. 쉽게 말해, 보고 싶은 것만 보고, 듣고 싶은 것만 듣는다는 것이다. 그런데 이러한 태도는 밑이 기울어진 저울처럼 한쪽으로 치우쳐 사실과 다른 잘못된 편견이 굳어지게 한다.

이러한 태도에서 벗어나려면 내 생각을 돌아보면서 한 번 더 생각해 보려는 자세가 필요하다. 내 생각이 틀릴 수도 있다는 것을 인정하고, 균형 잡힌 시각으로 다양한 의견을 찾아보려는 노력을 기울여야 한다. 그래야 보다 객관적, 합리적 결론에 도달할 가능성이 높아진다.

예시 답안

이 실험은 사람들이 자신이 옳다고 믿는 정보는 선택적 수집을 하고, 반대되는 정보는 무시하는 경향이 있다는 것을 보여 준다. / 이러한 태도는 밑이 기울어진 저울처럼 한쪽으로 치우쳐 사실과 다른 잘못된 편견이 굳어지게 한다. / 그래야 보다 객관적, 합리적 결론에 도달할 가능성이 높아진다.

19 'ㄹ' 탈락, 'ㅎ' 탈락 알기

● 'ㄹ' 탈락, 'ㅎ' 탈락이 일어나는 단어가 들어간 문장을 찾고, 그중 세 문장을 필사해 보세요.

미국 듀크 대학교 연구에 따르면, 우리가 하루 동안 하는 행동의 약 40퍼센트가 습관적으로 하는 행동이라고 한다. 습관이 만들어지면 우리 뇌는 반복된 행동을 자동화해서 뇌의 에너지 소모를 줄인다. 그래서 힘을 덜 들이고도 쉽게 행동할 수 있는 것이다. 또 심리학자 대니얼 카너먼은 우리가 의사 결정을 내릴 때 '빠른 직관적 사고'와 '느린 논리적 사고'라는 두 가지 사고 체계를 사용한다고 하였다. 습관이 형성되면 빠른 직관적 사고 체계에서 행동이 자동으로 실행되므로, 더 적은 에너지로 효율적인 행동을 할 수 있게 된다는 것이다.

그럼 좋은 습관을 만드는 데는 얼마나 걸릴까? 영국 런던 대학교의 실험 결과에 따르면, 새로운 습관을 형성하는 데 평균 66일이 걸린다고 한다. 따라서 목표를 이루기 위해서는 나날이 꾸준한 실천을 해야 한다. 작은 습관 하나가 오랜 시간 쌓여 큰 변화를 만들어 낸다. 좋은 습관을 꾸준히 실천하는 것이 중요한 이유이다.

예시 답안

목표를 이루기 위해서는 나날이 꾸준한 실천을 해야 한다. / 작은 습관 하나가 오랜 시간 쌓여 큰 변화를 만들어 낸다. / 좋은 습관을 꾸준히 실천하는 것이 중요한 이유이다.

20 'ㄴ' 첨가, 거센소리되기 알기

● 'ㄴ' 첨가, 거센소리되기가 일어나는 단어가 들어간 문장을 찾고, 그중 세 문장을 필사해 보세요.

"로봇이 내 숙제 좀 대신해 주면 좋지 않을까?"

인공 지능(AI)이 발전하면서 옛날에는 상상도 할 수 없었던 일들이 일어나고 있다. AI가 훨씬 빠르고 정확하게 할 수 있는 단순 반복 작업은 AI로 대체될 가능성이 크다.

그렇다고 AI가 모든 직업을 대체하는 것은 아니다. 창의적 사고나 감성적 소통이 필요한 직업은 여전히 인간의 영역으로 남을 것이다. 공감 능력이 중요한 상담사, 예술가, 교육자 등의 직업은 여전히 필요할 것이다. AI와 함께 일하며 새로운 가치를 창출하는 직업은 오히려 늘어날 것이다. 대표적인 미래 유망 직업으로 인공 지능 전문가가 있다. AI 데이터 분석가, AI 윤리 전문가, 로봇 공학자 등이 그것이다. 또한, 가상 현실(VR)과 증강 현실(AR)을 활용한 콘텐츠 제작자도 주목받고 있다.

앞일을 정확히 아는 것은 불가능하기 때문에 변화를 예측하고 전망하는 자세가 필요하다. 아무런 준비 없이 맨입으로 결실만을 얻으려는 자세는 적절하지 않다.

예시 답안

"로봇이 내 숙제 좀 대신해 주면 좋지 않을까?" / AI가 훨씬 빠르고 정확하게 할 수 있는 단순 반복 작업은 AI로 대체될 가능성이 크다. / 아무런 준비 없이 맨입으로 결실만을 얻으려는 자세는 적절하지 않다.

NE능률 문해력연구소

NE능률 문해력연구소는 전문성과 탁월성을 기반으로
국어교육 트렌드를 선도합니다.

달곰한 문해력 초등 문법 6단계

펴 낸 날	2025년 5월 15일(초판 1쇄)
펴 낸 이	주민홍
펴 낸 곳	(주)NE능률
지 은 이	NE능률 문해력연구소
개 발 책 임	장명준
개 발	이은영, 이자원, 김경민
디자인책임	오영숙
디 자 인	안훈정, 조가영, 오솔길, 장수현
제 작 책 임	한성일
등 록 번 호	제1-68호
I S B N	979-11-253-5010-1

대 표 전 화	02 2014 7114
홈 페 이 지	www.neungyule.com
주 소	서울시 마포구 월드컵북로 396(상암동) 누리꿈스퀘어 비즈니스타워 10층 (우편번호 03925)